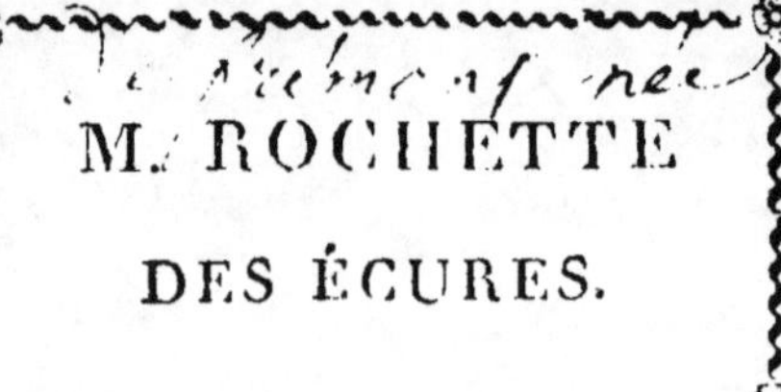
M. ROCHETTE
DES ÉCURES.

DEFFENSE
DE LA LANGUE FRANCOISE,
POUR L'INSCRIPTION DE L'ARC DE TRIOMPHE.

DEDIE'E AU ROY.

Par M. CHARPENTIER,
de l'Academie Françoise.

Facile erat vincere non repugnantes.
Cic. Tusc. I.

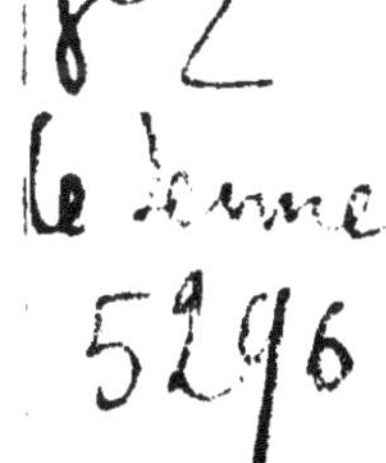

A PARIS,
Chez CLAUDE BARBIN, au Palais,
sur le second Perron de la Ste Chapelle.

M. DC. LXXVI.
Avec Privilege du Roy.

AU ROY.

SIRE,

La Cause que je deffens, eſt celle de VOSTRE MAJESTÉ, *puiſque c'eſt celle de toute la France. Il y a une relation ſi eſtroite entre l'Eſprit d'un Peuple & ſa Langue, qu'elle ne peut eſtre mépriſable, que ce ne ſoit un ſujet de blaſme pour luy. Nos Paroles ſont les Images de nos Penſées; S'il y a de la difformité ou de la confuſion dans ces Images, il faut que ces meſmes imperfections ſe rencontrent dans la Penſée qui les produit; Et comme on peut juger de la beauté ou de la laideur d'une perſonne par ſon Portrait, de meſme on peut juger de la grandeur ou de la petiteſſe du Genie d'une Nation par ſa Langue. Et de vray, y a-t'il autre chose qui fasse la beauté des Langues, que le bel Esprit de ceux qui s'en servent? Si l'Vsage ou le Hazard les introduit, c'est la delicatesse du Goust qui les purifie; c'est la fertilité de l'Imagination qui les rend abondantes; c'est la noblesse des Sentimens qui leur donne de la Force & de la Sublimité. Tellement qu'on ne sçauroit dire qu'une Langue est foible & grossiere, sans donner à penser quelque chose de desavantageux du Peuple qui la parle. Il en est de mesme, si on la compare avec une autre;*

Celle où il paroiſtra plus de Majeſté & plus d'Elegance, eſt celle dont le Peuple a plus d'élevation dans l'Ame & plus de politeſſe dans les Mœurs. Je doute fort, SIRE, *que ceux qui trouvent la Langue Françoiſe ſi inferieure à la Romaine, prévoyent ces conſequences qu'on en peut tirer à noſtre deſavantage; Mais je ſuis bien aſſeuré, qu'un Peuple qui a fait plus d'une fois trembler le Capitole, & qui forme encore aujourd'huy la plus puiſſante Monarchie de l'Vnivers, n'eſt gueres en eſtat de demeurer d'accord qu'il ſoit inferieur à un autre. L'Arc de Triomphe qu'on éleve aux incomparables Vertus de* V. M. *jette une grande jalouſie entre ces deux Langues. Chacune veut avoir l'honneur d'en compoſer l'Inſcription. Toutes deux ont des raiſons pour appuyer leurs pretentions, & la Latine a pour elle encore la prévention qui regne en ſa faveur. La Françoiſe ne manque pas de merite, & croit avoir plus de juſtice. Elle ſe flatte meſme de quelques préjugez favorables; Car ſi pour l'achevement du Louvre,* V. M.

n'a pas agreé les Desseins, qui obligeoient à destruire les ouvrages de François I, & de Henry II, comme s'il n'eust pas esté honneste que ce que ces grands Monarques ont commencé, fust declaré indigne de tenir sa place dans cét Edifice Royal; Il y a bien de l'apparence qu'elle n'approuvera pas une opinion, qui va à renverser, non point un ouvrage de François I, & de ses Enfans, mais à deshonorer une Langue qui a esté cultivée avec tant de soin par tous les Rois vos Predecesseurs, & par leurs Peuples depuis Charlemagne. Cette place où elle aspire, luy appartient à si juste titre, qu'on ne l'en peut exclure, sans luy faire un affront irreparable. Elle regarde ce superbe Monument, comme son Thrône le plus sublime. C'est là, Sire, *qu'elle doit entrer avec Vous en possession de l'Immortalité. Que deviendra-t'elle, si elle en est publiquement chaßée? Qui pourra la relever d'une cheute si honteuse? Que faudra-t'il attendre d'elle aprés cela pour la gloire de vostre Nom? Vne Vaincuë, une Exilée, une Proscrite oſera-t'elle toucher à voſtre hiſtoire? Certes il n'eſt pas croyable, qu'elle devienne ſi malheureuſe, dans le temps meſme qu'elle fait la deſtinée de toute l'Europe, en portant les Ordres de V.M. dans ſes Triomphantes Armées, où Elle entretient l'Obeïſſance, où Elle anime le Courage. Ie n'apprehenderay donc point que la Langue Françoiſe ſoit ſi avilie ſous le Regne de* LOUIS *le Grand; de* LOUIS *le Vainqueur de l'Allemagne, de l'Eſpagne, de la Flandre, de la Holande; le Reſtaurateur des Loix, le ſecond*

AV ROY.

Fondateur de l'Estat, le Remunerateur de la Vertu, & (ce qui est tres-considerable sur ce sujet) le Protecteur de l'Academie Françoise. Ouy, SIRE, *un Roy qui a bien voulu accorder sa Protection au Parnasse François, ne peut pas la luy refuser en cette rencontre. Car, que serviroit-il de le déguiser; L'Academie n'est plus rien, si cette Langue, qu'elle s'est efforcée depuis 40 ans de rendre agreable, riche, eloquente, est demeurée si imparfaite, que de ne pouvoir pas fournir avec dignité cinq ou six lignes, pour consacrer à vostre Valeur le Trophée immortel qu'on luy prepare. Quels reproches ne feroit-on point à ceux qui forment cette Compagnie, s'ils avoient travaillé avec si peu de succez; s'ils avoient si longtemps trompé l'Attente publique & abusé de vos graces? Mais,* Sire, V. M. *mesme se pourroit-elle justifier de les avoir faites, ces Graces que nous aurions si peu meritées? Car en verité, nous le pouvons dire, sans que l'Exageration s'en mesle; Iamais Prince n'a tant favorisé les Lettres que* V. M. *Iamais les Exercices de l'Esprit n'ont mené à des Establissemens si seurs & si honnorables. Qu'on pense ce qu'on voudra des Siecles passez, les Sçavans ont-ils jamais esté si heureux, que sous le Regne d'un Heros qui prend soin de leur Fortune, & qui les reçoit en toutes sortes d'occasions avec tant de bonté. L'Academie n'a pas assez de toutes ses Voix pour le publier.* V. M. *revient-elle de quelqu'une de ces glorieuses Campagnes, qui ont reculé si loin nos Frontieres; Reçoit-elle les Respects & les Soumissions des premieres Compagnies du Royaume? Elle permet à l'Academie de venir aussi applaudir à ses Victoires. Est il besoin de determiner un Lieu où elle tienne ses Assemblées?* V. M. *ne veut point qu'on en cherche ailleurs que dans son propre Louvre. Pert-elle son Chef, qui estoit un de vos Sujets?* V. M. *ne croit point faire tort à l'Esclat de son Diadême, de se mettre à la teste de cette Compagnie. Enfin, Elle veut encore que les témoignages de cêt honneur infiny qu'elle nous fait, se répandent par toute la Terre ; Que la Memoire en passe jusqu'à la Posterité la plus esloignée ; Et Elle fait battre des Medailles, où le titre de* PROTECTEUR DE L'ACADEMIE FRANÇOISE *se mesle aux autres titres Augustes qui accompagnent vostre Nom Sacré. Apres cela,* SIRE, *permettez-nous de dire que c'est avoir pris trop de part aux interests de l'Academie, pour n'entrer pas maintenant dans un mesme engagement que nous, à soûtenir l'honneur de nostre Langue, contre ceux qui en jugent si peu favorablement. Car enfin, il ne s'agit point de condamner la Langue Latine, comme on se le pourroit imaginer. Il s'agit seulement d'examiner si la Langue Françoise, à qui il appartient d'offrir à V. M. l'hommage de ses Sujets, comme la Langue Latine offroit aux Cæsars les hommages du Senat & du Peuple Romain, est aujourd'huy si défectueuse, qu'il faille la priver de ce droit qui luy est acquis, & qu'on ne doive pas luy confier l'Inscription de ce Monument Illustre. Que la langue Latine*

ne soit

ne ſoit donc tres-capable & tres-digne de compoſer une pareille Inſcription, c'eſt ce que je ne veux point conteſter; Que la Langue Françoiſe en ſoit incapable & indigne, c'eſt ce que je nieray toûjours. Voila, Sire, *le ſujet des Diſcours que j'apporte à* V. M. *attendant que je luy offre un autre Travail plus proportionné à cèt honneſte loiſir, dont j'ay joüi juſqu'à preſent par ſes Bien-faits, & qu'aprés avoir eu l'honneur de luy preſenter autresfois l'Hiſtoire du Grand Cyrus, écrite par Xenophon, je puisse luy apporter le reste des Ouvrages de ce fameux Historien, à qui il ne pouvoit jamais rien arriver de plus glorieux, que de tomber entre les mains de V. M. & de luy servir quelquefois d'entretien, aprés ses grandes occupations qui sont les sources de nostre bonheur. Que la prosperité de vostre Regne,* SIRE, *croisse tous les jours; Que la Iustice de vos Armes soit toûjours suivie de la Victoire; Que la Nation Françoise, qui est si renommée depuis tant de Siecles, augmente incessamment sa*

AV ROY.

Gloire, & par la grandeur de vos Triomphes, & par la force de son Eloquence. Ie suis,

SIRE,

DE V. M.

Le tres-humble, tres-obeïssant, & tres-fidele sujet & serviteur,

CHARPENTIER.

De l'Academie Françoise.

PREFACE.

LA premiere pensée que je voudrois bien inspirer au Lecteur de ces Discours, C'est, qu'ils n'ont point esté faits pour donner atteinte à l'authorité de la Langue Latine. Il y a si long-temps qu'elle regne, qu'on ne peut plus luy disputer sa puissance. Nous luy sommes redevables de la meilleure partie de ce que nous sçavons; Et nous pouvons dire ce que Ciceron disoit autrefois de la Langue

Grecque, & qui ſe trouvera en quelque endroit de ce Livre. *Que peut faire un Orateur François ſans la Langue Latine?* Auſſi n'ay-je point eu d'autre intention que d'examiner ſelon mes forces, une Queſtion celebre, qui m'avoit eſté propoſée ſur le ſujet de l'Arc de Triomphe. I'ay voulu prouver que l'Inſcription en devoit eſtre Françoiſe, contre l'opinion commune, qui veut qu'elle ſoit Latine; & j'avois creu avoir aſſez bien eſtably ce ſentiment dans mon premier Diſcours en l'appuyant de l'exemple des Romains, qui dans les Inſcriptions des Arcs de Triomphe conſacrez à leurs Empereurs, ont toûjours employé leur Langue, quoy qu'ils peussent estre tentez de luy preferer la Latine. Monsieur l'Abbé de Bourzeis, dont la Memoire est en veneration parmy les Sçavans, fit une Réponse à ce premier Discours. Et ses Raisons se reduisoient à deux Chefs principaux. Le premier, à me disputer l'exemple des Romains, pretendant que la Langue Grecque n'estoit point à la Latine, ce que la Langue Latine est à la Françoise; & que de plus, un Peuple victorieux n'auroit eu garde de se servir de la Langue des vaincus, en qui se trouvoit la basse qualité de Langue servile & sujette. Le second estoit fondé sur l'excellence de la Langue Romaine, qui luy fournissoit une riche matiere d'Eloges, & luy donnoit lieu de conclure que nous ne pouvions mettre la nostre en concurrence avec elle. Ces objections m'obligerent à traitter la matiere à fonds dans mon second Discours, que je divise en trois Parties. Dans la premiere, je fais voir * que le rapport de la Langue Latine à la Grecque est le mesme que de la Langue Françoise à la Latine; Et en suite * que si les Romains ne se sont point servis de la Langue Grecque dans les Inscriptions de leurs Arcs de Triomphe, ce n'a point esté parce qu'ils la mesprisassent, comme estant celle de leurs

*pag.39.& suivantes.

*pag 77.& suivantes.

leurs ſujets ; Mais par une autre raiſon que j'eſtablis dans ma Seconde Partie.* Cette raiſon eſt une eſpece de Demonſtration en cette matiere, & prouve que les Inſcriptions de tous les Monumens deſtinez pour honorer la Vertu, doivent eſtre dans chaque Pays en Langue Vulgaire. Que c'eſtoit cette raiſon qui avoit determiné les Romains, & qui devoit faire ſur nous le meſme effet. Dans la Troiſieſme Partie*, je m'efforce de reſpondre aux objections qui regardent le grand merite de la langue Latine, non pour conteſter ce merite abſolument ; Mais pour faire voir que la noſtre n'eſt pas moins excellente. C'eſt donc

* page 110 & ſuivantes.

* page 223 juſqu'à la fin.

LA DEFFENSE DE LA LANGUE FRANÇOISE POUR L'INSCRIPTION DE L'ARC DE TRIOMPHE, que j'ay entreprise, & non point une invective contre la langue Latine; Et je ne me lasse point de le dire, parce qu'on ne manqueroit pas de me faire un crime, d'une pensée que je n'ay jamais euë. Ce qui m'a donné le plus de chaleur en cette Dispute, c'est qu'il y a beaucoup plus à perdre pour nostre Langue que pour la Latine, qui peut n'estre point choisie, sans que cela luy tourne à blasme, au lieu que l'exclusion de la langue Françoise, fait une tache à son honneur, & donne lieu de la regarder en quelque maniere, comme ceux qu'on a des-heritez, ou qu'on a depossedez d'un employ qu'ils ne pouvoient soustenir. Ainsi, j'ay voulu dire du bien de nostre Langue, je n'ay point voulu dire du mal de l'autre; Et en m'efforçant de prouver que la Françoise n'est point inferieure à la Romaine, je fais voir que sa plus grande ambition ne va qu'à luy estre égale. Je sçay bien que cette Moderation mesme n'agréera point ceux qui sont si passionez pou le Latin. Ils ne se contenter pas que nous leur cedions l Preseance que le Temps leu donne, ils ne veulent pas qu nous marchions sur une me me ligne; A peine peuvent-i ſouffrir que nous les ſuivions, s'il n'y a un grand intervale en-tr'eux & nous. Il eſt aiſé de deſcouvrir ce qui les entretient dans cette humeur. Ils apprennent leur Langue naturelle en ſuccçant le laict de leur Nourrice ; ils l'apprennent ſans art & ſans eſtude, au lieu que les autres Langues demandent de grands ſoins, & une longue application ; tellement que leur eſtime eſt relative à la peine qu'ils ſe ſont donnée, & ils ne peuvent ſouffrir qu'une choſe qui ne leur a rien couſté ſoit miſe en comparaiſon avec un autre qui leur couſte tant de deſpenſe & tant de travail. Les Italiens ſe ſont desja revoltez contre cette

Tyrannie des Doctes de leur Pays, qui regardoient la langue Vulgaire, comme si ce n'eust pas esté une Langue humaine & raisonnable, tandis que les noms seuls de la langue Latine & de la Grecque, leur paroissoient des choses Divines. Ces sortes d'Entestemens ont produit quelquefois des extravagances assez divertissantes, comme ce que dit Messer Lazaro dans un Dialogue de Speron Speroni, où il proteste serieusement qu'il aimeroit mieux parler Latin comme Ciceron, que d'estre Pape. Romulus Amazæus ne fut gueres moins plaisant, quand il fit un Discours Latin à Bologne, en presence du Pape

Clement VII. & de l'Empereur Charles-Quint, où s'estant fort emporté contre la langue Vulgaire, il proposa de restablir l'usage de la Latine dans les Villes parmy la Noblesse, & soustint qu'on devoit renvoyer la langue Vulgaire dans les boutiques des artisans & dans les Villages; Ce qui donne sujet à Benedetto Varchi en rapportant cette Historiette dans son Hercolano, de faire cette raillerie, Que s'il y avoit deux Langues dans une mesme Ville, l'une noble & l'autre roturiere, il ne seroit pas mal à propos aussi d'ordonner qu'on parleroit cette Langue noble les Festes & Dimanches, & la roturiere les jours ouvriers, & que peut-eſtre il en faudroit introduire une troi-ſieſme pour certains jours qui ne ſont feſtez qu'à moitié. En ſuitte dequoy il adjouſte fort judicieuſement, que ſi ce Diſ-cours avoit eſté prononcé en langue Vulgaire, au lieu qu'il fut fort eſtimé, on l'auroit aſ-ſeurément ſifflé, parce qu'on auroit plus aiſément deſcou-vert l'impertinence de cette viſion, qui ſe cachoit ſous le fard des belles paroles Latines. Cependant, quoy que nous ſoyons touſiours en droit de reſiſter à ce Zele indiſcret des Idolatres de l'Antiquité, je ne voudrois pas neantmoins rele-ver tellement la Beauté des Langues modernes, que de les preferer aux anciennes comme a fait ce Messer Benedetto Varchi, lors qu'il tranche net, que l'Italien est plus excellent que le Grec & le Latin, & qu'il met Petrarque au dessus de Pindare, & le Dante au dessus d'Homere. Cette autre extremité n'est gueres moins vicieuse que la premiere. Il faut laisser ces Langues Illustres dans le rang qu'elles tiennent. Il y a une espece d'impieté à les en vouloir deposseder; Mais il ne faut pas s'y appliquer tellement, que de renoncer pour jamais à la sienne. Aussi bien c'est encore une erreur, que de se promettre une plus grande reputation par ces Langues mortes que par les vivantes; Car si l'on veut se

payer

payer d'exemple, on trouvera que c'eſt le contraire. Les Poëſies Italiennes de Petrarque l'ont rendu bien plus fameux que ſes ouvrages Latins, & il eſt aſſeuré que le Dante s'eſt plus ſignalé en compoſant ſon Poëme en langue Vulgaire, que s'il l'euſt continué en Latin comme il l'avoit commencé par ce Vers. Benedetto Varchi, nel Hercolano

Infera Regna canam, mediumque, imumque Tribunal.

Ainſi parmy nous, je ne connois perſonne d'aſſez mauvais gouſt pour ſouhaitter que Malherbe euſt eſcrit en Latin, quand il auroit fait les plus beaux Vers du monde; parce qu'il n'auroit fait que des

ō

Copies, au lieu qu'il est tout Original dās sa Langue. Et cela sera tousiours de la sorte, qūand les ouvrages ne subsistent que par la beauté de la Diction, laquelle ne peut jamais estre considerée dans les Autheurs à qui cette Diction n'est point naturelle. Cependant, quoy que cette Imitation ait son merite, il y a neantmoins des occasions où elle est directement opposée à la Raison, comme dans les Monumens publics, où rien ne doit estre inconnu au Peuple pour qui ils sont eslevez. C'est une verité qui sera peut-estre assez bien establie dans ces Discours, pour m'acquerir des Sectateurs. En tout cas, je ne seray pas blasmé de tout le

Monde pour n'avoir pas esté de l'opinion de ceux, à qui l'amour de la langue Latine a fait oublier qu'ils sont François. Quelqu'un me sçaura gré d'avoir parlé pour mon Siecle & pour ma Patrie ; & si je ne l'ay pas fait avec toute la force & toute l'Eloquence que le demandoit la Noblesse du sujet, du moins approuvera-t-on mon Dessein quand on n'en loüeroit pas l'execution.

DEFFENSE DE LA LANGUE FRANÇOISE, POUR L'INSCRIPTION DE L'ARC DE TRIOMPHE.

DISCOURS I.

IL n'y a point de doute que l'Inſcription de l'Arc de Triomphe doit eſtre Françoiſe, & non pas Latine. Il importe à la gloire du Roy, & à celle de toute la Nation, que ce fameux Monument ſoit tout François ; & comme on n'y a point mis

Sujet de ce Diſcours.

A

DIS-COVRS I. les Aigles Romaines à la place des Fleurs-de-lys, il n'y a point d'apparence que le langage de l'ancienne Rome s'y eſtabliſſe, au prejudice du noſtre.

Si les Romains dont on veut ſuivre l'exemple, en avoient uſé d'une autre maniere, leur Langue que nous admirons aujourd'huy, ſeroit demeurée dans l'obſcurité, & ils auroient touſiours emprunté des Grecs cette majeſté & cette douceur du diſcours, dont la ville d'Athenes eſtoit en poſſeſſion avant que la Republique Romaine fuſt connuë dans le Monde. Il n'y avoit nulle comparaiſon entre l'excellence & la richeſſe de ces deux Langues; Les beaux eſprits de Rome en demeuroient d'accord eux-meſmes ; Ils diſoient qu'il n'y avoit que les Grecs qui euſſent de l'eſprit, & qui ſçeuſſent s'expliquer ; C'eſt ainſi qu'en parle Horace, DISCOVRS I.

Graiis Ingenium, Graiis dedit
ore rotundo
Muſa loqui.

Je ne crois pas qu'on puiſſe ſouhaitter rien de plus avantageux, qu'un jugement ſi clair, porté par un homme d'un gouſt tres-raffiné, & qui vivoit dans un Siecle, où la Langue Romaine eſtoit parvenuë à ſa plus haute ſplendeur. Il advouë neantmoins, que c'eſt aux Grecs qu'il appartient de parler. Il ſemble ne conter

DIS-COVRS I. pour rien les excellents ouvrages qui s'eſtoient compoſez à Rome ; Il ne conſeille point à la jeuneſſe de les lire pour ſe polir l'eſprit & le jugement ; Il les renvoye à la lecture des Livres Grecs,

Vos Exemplaria Græca
Nocturnâ verſate manu verſate diurnâ.

De là vient que la pluſpart de la Nobleſſe Romaine alloit à Athenes ou à Rhodes ſe faire inſtruire aux Lettres Grecques. Le Fils de Ciceron fit ce voyage auſſi bien que les autres ; & ſon Pere qui ſe vantoit d'avoir tranſporté la Philoſophie dans la Langue Latine, ne s'en voulut point fier pour ſon education à ses propres descouvertes & l'envoya à Athenes entendre le fameux Philosophe Cratippus. Caton mesme, ce Caton le Censeur, si grave, & si occupé, se repentit plus d'une fois de n'avoir pas appris le Grec en sa jeunesse, & s'y appliqua dans un âge avancé, & qui sembloit n'estre plus convenable à ce genre d'Estude, pour un homme qui estoit dans les premieres dignitez de l'Estat. Cét autre Caton qui s'est rendu si celebre par sa mort, & par sa constance inesbranlable dans le party de la Republique, estoit si amoureux de la lecture des Livres Grecs, qu'il en portoit tousjours quelqu'un sur luy dans

DISCOURS I. le Senat, & ne pouvoit s'empescher de le lire publiquement, attendant que la Compagnie fust assemblée. *Ita doctrinæ cupiditate flagravit, ut ne in curia quidem, dum Senatus cogitur, temperaret sibi quo minus libros Græcos lectitaret.* Par ce moyen-là, la Langue Grecque estoit devenuë tres-commune à Rome, particulierement parmy les personnes de qualité, qui se faisoient honneur non seulement de l'entendre, mais de la parler. C'estoit la Langue des Sciences & des bons mots. Il n'y avoit point d'Escrit un peu estudié, point de conversation spirituelle où elle n'entrast. Nous avons des Lettres d'Auguste,

Val. Max. l. 1.

Grand usage du Grec à Rome.

où les termes Grecs sont employez presqu'en aussi grande quantité que les Latins. Les Dames s'en servoient aussi dans le commerce de galanterie; Et Neron en expirant parmy les horreurs d'une mort forcée, a bien le loisir de se souvenir d'un vers d'Homere, qui avoit quelque rapport avec le miserable estat où il se trouvoit. Voilà en quelle vogue estoit la Langue Grecque parmy les Romains.

Le Latin preferé au Grec dans Rome, pour les Inscriptions des Arcs de Triomphe.

Cependant, quand il a esté question d'honorer leurs Empereurs, & d'eslever des Monumens publics de leurs Triomphes, ils n'ont point employé cette Langue Estrangere si fameuse & si cherie. Ils

DIS-COVRS I.

ſe ſont contentez de la leur propre. Ils ont creu que la meſme Langue qui avoit formé les commandemens Militaires, & qui avoit enſeigné aux Soldats a vaincre, eſtoit capable d'expliquer leur Victoire. Ainſi tous les Arcs de Triomphe qui nous reſtent; Ceux de Tite, de Severe, de Conſtantin ; & ſi l'on veut encore, ceux qui eſtoient conſacrez à Auguſte, à Druſus, à Neron, à Domitian, & à pluſieurs autres, leſquels nous ne voyons plus que dans les Medailles, ont tous eſté ornez d'Inſcriptions Latines. Ils ont jugé que dans ces Ouvrages d'eſclat & de durée, il eſtoit de leur grandeur de parler leur

Langue, aussi bien que dans les Arrests du Senat. Ils ne se sont point mis en peine si la Langue Grecque estoit plus agreable que la Latine : *Sermo Græcus Latino jucundior*, disoit Quintilien ; Ils ont mieux aimé leur rudesse naturelle, qu'une douceur estrangere.

DISCOURS I.

Il les faut loüer d'un zele si juste, d'une fierté si honneste ; & s'il les en faut loüer, qui nous deffend de les imiter ? Qui trouvera mauvais, qu'aujourd'huy dans la florissante ville de Paris, on ait la mesme estime pour la Langue Françoise ? Est-ce trop entreprendre pour nous, que de vouloir marcher sur les traces des Romains ? Est-ce que le soin qu'ils ont

Qu'ainsi on doit preferer le François au Latin dans Paris.

DIS-COVRS I.

eu de la gloire de leur Langue, ne nous met pas en droit d'en avoir autant pour la gloire de la nostre ?

Objection contre le François.

On nous objecte, qu'il faut avoir esgard aux Estrangers. Que la Langue Latine estoit universellement connuë, & que les Romains n'avoient pas besoin de se servir d'un autre pour se faire entendre aux Estrangers, comme il semble que nous y soyons obligez maintenant.

Que le Latin a tousiours esté une Langue universelle.

Mais, à quoy songent ces gens-là qui nous font une semblable objection ?

Response à l'Objection.

S'imaginent-ils que nous ne puissions remonter en pensée à l'estat où estoient les choses lors qu'on eslevoit ces Arcs de Triomphe à Auguste, & à ses

Successeurs ? S'imaginent-ils que la Langue Romaine fust alors une Langue universelle? Feroient-ils bien une si furieuse faute contre la verité de l'Histoire ? Je ne les en veux pas accuser, & ne me persuade pas qu'ils ayent fait si peu de reflexion sur ce que dit Ciceron, qui vivoit du temps mesme d'Auguste, & qui estoit un si grand zelateur de sa Langue, dont sans doute il a esté l'ornement. Car il confesse que le Latin estoit alors renfermé en de tres-petits espaces, au lieu que le Grec estoit entendu presque par tout le Monde. *Græca*, dit-il, *leguntur in omnibus Gentibus, Latina suis finibus, exiguis sane, continentur.*

DISCOURS I.

Que le Latin sous Auguste, n'estoit point une Langue universelle.

DISCOVRS I.

La Langue Latine ne ſortoit preſque point de l'Italie ; Elle n'occupoit pas meſme tout ce que nous appellons maintenant Italie. Tout le Royaume de Naples parloit Grec, & c'eſt ce qu'ils appelloient la grande Grece. Toute la Sicile, la meilleure partie de l'Aſie, & de l'Egypte, preſque tous les bords de la Mer Mediterranée, par tout on parloit Grec. C'eſtoit la Langue de toutes les Nations civiliſées. C'eſtoit en verité la Langue univerſelle. Et toutesfois, au temps meſme que l'uſage de cette Langue, offroit un moyen ſi commode aux Romains, pour faire entendre les loüanges de leurs Princes à tous les peuples que la de-

Le Grec a touſiours eſté plus eſtendu que le Latin.

pendance & l'enchaiſnement des affaires attiroit inceſſamment à Rome de toutes les parties du Monde, ils n'ont point voulu s'en ſervir. Ils ont voulu que les Eſtrangers s'accommodaſſent à eux; Ils ont mieux aymé qu'ils ne compriſſent rien à leurs Inſcriptions, ou qu'ils fuſſent reduits à la neceſſité de ſe les faire expliquer.

Les Conqueſtes des Romains n'ont point rendu leur Langue vulgaire aux Païs conquis.

Je ſçay bien que comme du temps d'Auguſte, les Romains avoient aſſujetty la Grece, & les plus belles Provinces de l'Aſie & de l'Affrique, on ſe figure aiſément que leurs conqueſtes avoient eſtably leur Langue, & l'avoient renduë comme naturelle aux peuples

DIS-COVRS I. ſoûmis. Il eſt aiſé d'avoir cette penſée, je l'advouë; mais elle n'en eſt pas moins eſloignée de la verité. Ciceron dont nous avons apporté les teſmoignages, vivoit depuis ces fameuſes expeditions des Romains; depuis ces cinquante-trois années fatales, dans l'eſpace deſquelles, comme dit Polybe, le peuple Romain avoit conquis preſque tout l'Univers. Neantmoins, on voit aiſément que ce qu'il dit du peu d'eſtenduë de la Langue Latine, *Latina ſuis finibus exiguis ſane continentur*, n'eſt point dit par relation à un autre Siecle, c'eſt l'image du ſien qu'il a tracée en ces paroles; & dans cet, *Exiguis ſane*, ne sent-on pas une espece de plainte qu'il fait du peu de credit de la Langue Latine, qui estoit la Langue des Vainqueurs du Monde, tandis que celle des vaincus regnoit encore par l'usage qu'elle avoit conservé parmy toutes les Nations.

DISCOURS I.

Preuve par les Autheurs qui ont escrit en Grec dans les Provinces de l'Empire.

Or cela estoit ainsi non seulement au Siecle de Ciceron & d'Auguste, mais long-temps depuis, comme il paroist par plusieurs grands Personnages, qui ont escrit en diverses Provinces de l'Empire Romain, & dont nous avons les Ouvrages qui sont tous en Grec. Par exemple, Diodore Sicilien, Denis d'Halicarnasse, qui escrivant des Antiquitez des Ro-

DISCOVRS I.

mains, n'en a pas eſcrit en leur Langue. Strabon, Joſephe, Plutarque, Diogene de Laërte, meſme l'Empereur Marc Aurele, les deux Dions, Pauſanias, Athenée, Lucien ; Et parmy les Chreſtiens, Clement Alexandrin, Juſtin, Athenagoras, Tatianus, Euſebe, Origene, Syneſius Eveſque de Cyrene en Affrique, & mille autres.

On n'entendoit preſque pas le Latin dans les Colonies Romaines.

Nous apprenons auſſi dans Spartian, que la Sœur de l'Empereur Severe, qui eſtoit née en Affrique, mais dans une Colonie Romaine, n'entendoit preſque pas la Langue Latine, & la parloit ſi mal, que l'Empereur en avoit honte. Et cet Empereur meſme, au dire d'Aurelius d'Aurelius Victor, ſçavoit aſſez le Latin, mais il ne l'avoit pas ſi à commandement, qu'il n'euſt encore plus de facilité à s'expliquer dans ſon langage Affriquain. DISCOVRS I.

Ce qui nous fait voir comment il faut entendre Plutarque dans ſes queſtions Platoniques, où parlant par occaſion de la Langue des Romains, il dit, *Que preſque tous les hommes s'en ſervoient alors*; car ce que nous venons de voir eſt tellement opposé à ce diſcours, qu'il y a lieu de croire que quand il a dit que tous les hommes preſque ſe ſervoient de la Langue Romaine, il a voulu ſeulement nous faire comprendre, que cette Lan- Reſponſe à un celebre Paſſage de Plutarque.

DIS-COVRS I. gue eſtoit en uſage preſque dans toutes les parties du Monde. Ce qui ne pouvoit pas manquer d'eſtre de la ſorte ; Car puiſque les Romains avoient porté par tout leurs armes & leur domination, il falloit bien qu'il ſe trouvaſt par tout des hommes qui entendiſſent leur Langue ; d'autant plus qu'ils avoient eſtably de tous coſtez des Colonies , où elle ſe parloit tant bien que mal ; Mais il ne faut pas conclure de là, qu'elle fuſt devenuë commune & vulgaire chez tous les peuples, où elle avoit eu quelque entrée. Elle eſtoit touſiours eſtrangere en Grece, en Aſie, en Egypte , comme nous avons dit. Et ſi du temps de l'Empereur Severe, elle estoit si peu familiere aux personnes de la premiere qualité dans les costes de l'Afrique, qui sont si proches d'Italie, elle devoit l'estre encore moins au Siecle de Plutarque, qui vivoit cent ans devant Severe; veu que ces sortes d'usages augmentent tousiours avec le temps.

De l'usage de la Langue Latine, du temps du Concile d'Ephese, & de Nicée.

Enfin, nous voyons depuis tout cela, que les Evesques de l'Eglise universelle, convoquez de toutes les parties de la terre au Concile d'Ephese; ayant receu des Lettres du Pape, qui estoient escrites en Latin, ils demanderent qu'elles fussent traduites en Grec, afin d'estre entenduës de tout le monde. Ce qui avoit esté desja pratiqué au Concile de Nicée, où l'Empereur Conſtantin ayant fait un diſcours en Langue Latine, ce diſcours fut interpreté à l'inſtant meſme en Langue Grecque, pour en faciliter l'intelligence à toute cette nombreuſe aſſemblée. Tant il eſt peu veritable, que la Langue Latine fuſt une Langue univerſelle ſous les Empereurs, & que cette qualité deuſt luy donner le privilege d'eſtre employée dans les Monumens publics, qu'on avoit eſlevez en pluſieurs endroits de Rome, à la gloire des Princes.

Nouvelle Inſtance en faveur de noſtre opinion, tirée de la Colonne de C. Duilius.

Mais n'en demeurons pas à ce qui s'eſt paſſé ſous les Empereurs, remontons plus haut par curioſité ſi l'on veut ; Voyons durant la Republique meſme, & dans la plus haute Antiquité, où les Romains n'ont pû aſſeurément conſiderer leur Langue, que comme une Langue tres-particuliere, s'ils ont eſté moins hardis & moins reſolus à l'eſtaller au pied de leurs Trophées. Durant la premiere Guerre Punique ; c'eſt à dire, deux cens ans avant le regne d'Auguſte, les Romains ayant vaincu pour la premiere fois les Carthaginois en Bataille Navale, eſlevent une Colonne à l'honneur de leur Conſul Caius Duilius, qui avoit commandé leur Armée. Ils y mettent une Inſcription. En quelle Langue?

DIS-COVRS I. en Langue Latine. Mais encore Quel Latin ? Ce n'estoit point alors cette Langue Latine si belle, si nombreuse, si sonore, & qui explique si bien ce qu'on veut luy faire dire. Ce n'estoit point le Latin de Cesar, ou de Saluste, ny celuy qu'ont parlé Virgile & Horace. C'estoit un Latin à demy Barbare, & qui a besoin d'estre traduit pour estre entendu ; C'estoit un Latin, que les Critiques de ces derniers jours ont regardé comme un Monstre. Mais quelle que fust alors cette Langue, qui vray-semblablement n'estoit pas connuë à vingt lieuës de Rome ; Les Romains qui s'aimoient, & se prisoient infiniment, ne voulurent point dés lors luy preferer la Grecque qui regnoit par tout, & qui estoit dans un souverain degré de perfection. Ils estimerent se faire honneur de leur simplicité domestique, en ne voulant point recevoir d'ornemens de dehors. Enfin, ils s'efforcerent d'embellir cette Langue de leurs Ancestres; mais ils ne purent jamais se resoudre d'en choisir une autre. Par cet amour qu'ils ont eu pour elle; Par cette preference qu'ils luy ont donnée en ces grandes occasions, ils l'ont enfin renduë celebre, & l'ont mise en estat de disputer aujourd'hui de delicatesse & d'énergie avec toutes les Langues du Monde.

DISCOURS I.

DISCOVRS I.

Raisons que nous avons d'imiter cet attachement des Romains à leur Langue.

Nous sommes en mesmes termes; ou plustost, il est vray de dire, que nous sommes en meilleurs termes. La Langue Latine du temps de Caius Duilius , n'estoit à proprement parler que la Langue d'une Ville, ou tout au plus, d'un Estat beaucoup moins puissant alors, que n'est presentement la Republique de Venise. La Langue Françoise est aujourd'huy la Langue d'un grand Royaume; Vne Langue qui n'est point renfermée dans les limites de la France; Qui est cultivée avec ambition par les Estrangers, qui fait les delices & la politesse de toutes les Nations du Nort. En verité, nous ne meriterions pas de posseder une

Langue

Langue si Elegante, si nous en faisions un si mauvais jugement, que de la croire indigne de tenir sa place sur le Monument le plus celebre que la France ait eslevé jusqu'à present. Il y auroit mesme de la bassesse de courage ; Et puisque nos Ambassadeurs parlent François par tout où ils vont, seroit-il honneste que toute la Nation entiere parlast une autre Langue que la sienne? Laissons-donc cette affectation de Latinité à ces Doctes, qui ne veulent pas connoistre la beauté de nostre François, & qui s'appliquant avec tant de soin à parler comme les Anciens Romains, se mettent si peu en peine de les imiter en ce

DISCOURS I.

Conclusion de ce discours.

DIS-COVRS I. qu'ils ont eu de meilleur. Qui ne ſe reveſtent jamais de la grandeur d'Ame qui paroiſſoit dans toutes leurs actions, & qui s'imaginent que la lecture de leur Hiſtoire ſe doit terminer à la ſimple connoiſſance qu'ils en prennent, ſans s'efforcer jamais de s'approprier ces hautes maximes qu'ils ont pratiquées pour l'aggrandiſſement de leur Patrie.

Fin du premier Diſcours pour l'Inſcription de l'Arc de Triomphe.

DEFFENSE DE LA LANGUE FRANÇOISE, POUR L'INSCRIPTION DE L'ARC DE TRIOMPHE.

DISCOVRS II.

IL eust esté mal-aisé de deviner que le Discours que j'ay fait *Pour l'Inscription de l'Arc de Triomphe*, & qui n'a pour objet que l'honneur de la Langue Françoise, eust trouvé de la contradiction au milieu de la France,

Occasion de ce second Discours.

DIS-COVRS 2.

& ſur tout, de la part d'un Homme qui eſt ſi paſſionné pour la gloire de l'Eſtat, & qui s'eſt ſervy ſi utilement de ſon Eloquence pour ſouſtenir les Droits de noſtre grand Monarque, contre ceux qui ont eu l'audace de les attaquer. Auſſi je ne ſçaurois me perſuader qu'il ait agy ſerieuſement. Je ne croiray jamais qu'il ait pris à taſche de me combattre, moy qui luy ay mille obligations, moy qu'il honore de ſon amitié, & de qui ſi je l'oſe dire, il n'ignore pas le zele ny la reconnoiſſance; Et ſi cela eſtoit, je me donnerois bien de garde de paroiſtre contre luy en champ de bataille. Je ſuis aſſeuré que perſonne ne me le conſeilleroit. On connoiſt trop ſa profonde doctrine, & la vehemence de ſon raiſonnement; Et au contraire, ma foibleſſe n'eſt que trop viſible, pour pouvoir ſans une temerité toute pure, m'expoſer au choc d'un Aſſaillant ſi redoutable: principalement ſi j'avois lieu de croire, qu'il deuſt employer contre moy toutes ſes forces, & qu'il puſt ſe faire une veritable joye de ma deffaitte. Mais il y a des combats de plaiſir auſſi bien que des combats à outrance. Nous voyons ſouvent la Cour partagée de la ſorte, & quelquefois noſtre grand Roy s'eſt meſlé parmy le nombre des Combattans, & a conté dans le party contraire au

DISCOVRS.

DIS-COVRS 2. ſien, ceux qui ſont les plus reſolus à verſer leur ſang pour ſa gloire & pour la deffenſe de ſes intereſts. Il en eſt à peu prés de meſme de ces diſputes qui arrivent ſouvent entre les amateurs des bonnes lettres, & qui excitent entre-eux une guerre innocente, qui ne trouble ny leurs amitiez particulieres, ny le repos de la Republique. Ainſi il faut que pendant le temps que durera la lecture de ce Diſcours, je donne le titre d'Adverſaire à cet excellent homme, que je veux honorer & ſervir toute ma vie. Ce n'eſt pas que je n'euſſe peut-eſtre mieux fait d'éviter cette concurrence; Mais enfin, il eſt touſiours plus honneſte d'eſtre battu que de s'enfuir ; DIS-COVRS. & puis qu'un ſi illuſtre Antagoniſte a paru le premier dans la carriere, & a eu aſſez bonne opinion de moy pour me deffier, j'ay creu que je ne devois pas la luy faire perdre, en me deſrobant laſchement à ſa victoire.

Il y a plus, & puiſqu'il faut deſcouvrir la verité toute entiere, je n'ay pû m'empeſcher de perſiſter dans une opinion qui me paroiſſoit approuvée de ce grand homme, qui avoit eſmeu cette diſpute entre nous. Un gouſt auſſi épuré que le ſien ; un Eſprit auſſi penetrant, ne peut faire un choix douteux ; & bien que d'abord on ne connoiſſe pas les raiſons

DISCOVRS 2.

qui le font determiner, il ſuffit qu'il ſe determine pour nous convaincre. J'ay eſprouvé ſur moy-meſme cette verité. Quatre ou cinq mots que j'eus l'honneur de luy oüir dire, me donnerent un violent ſoupçon que l'opinion de mon illuſtre Adverſaire, vers laquelle je penchois d'abord, ne pouvoit pas eſtre la bonne. Je meditay ſur ce ſujet, & trouvay par l'exemple des Romains, dequoy me confirmer dans cette penſée. Mais mon illuſtre Adverſaire a creu que tout ce que j'avois dit n'eſtoit pas convaincant, & a oppoſé à mes petites obſervations une Diſſertation élegante & pleine d'erudition, par laquelle il a pretendu tren-

M. l'Abbé de Bourzeis reſpond au premier Diſcours en faveur de la Langue Latine.

cher la difficulté. Je voudrois qu'il eust allegué de si puissances raisons, qu'il n'y pust avoir qu'un seul avis sur ce sujet; mais j'ose dire qu'il n'a point porté les choses jusques-là, & que je puis demeurer encore dans mon sentiment sans opiniastreté. DISCOURS 2.

En effet, il n'a point respondu, ce me semble, assez fortement aux consequences que j'ay voulu tirer de la pratique des Romains. Il a mieux aymé se jetter sur les loüanges generales de la Langue Latine, & nous faire voir son excellence, soit parmy les anciens Romains, où elle a produit des ouvrages d'une éloquence presque inimitable; soit parmy

DIS-COVRS 2.

les nouveaux Romains, où elle eſt la Langue de la Religion, la Langue des Autels & du Saint Eſprit. Mais il n'eſt point queſtion de cela maintenant; nul ne veut diſputer à la Langue Romaine ces prerogatives d'Antiquité & de Nobleſſe qu'elle a ſur les Langues vulgaires. Mais il y a eu un temps, quecette Langue Romaine qui nous paroiſt aujourd huy ſi ancienne & ſi accomplie, eſtoit nouvelle & imparfaite, & qu'elle pouvoit regarder devant elle la Langue Grecque, qui la precedoit & en âge & en dignité. C'eſt par où j'ay pretendu faire voir, Que ce que la Langue Latine eſt aujourd'huy aux François, la Langue Grecque l'eſtoit autrefois aux Romains; Et par conſequent, Que ſi les Romains apres eſtre demeurez d'accord, comme ils ont fait, que la Langue Grecque eſtoit plus excellente que la leur, ils ne l'ont pas neantmoins employée dans les Inſcriptions de leurs Arcs de Triomphe, de meſme, bien que nous demeuraſſions d'accord que la Langue Latine fuſt plus excellente, ſi l'on veut, que la Françoiſe, il ne s'enſuivroit pas que nous la deuſſions employer dans l'Inſcription de l'Immortel Trophée que l'on eſleve à la gloire de noſtre grand Monarque. DISCOVRS 2.

Et parce que j'avois bien preveu qu'on m'objecteroit la

DIS-COVRS 2. commodité des Eſtrangers, qui ſembloit demander que l'on fiſt cette Inſcription en Langue Latine, que l'on qualifie du nom de Langue Univerſelle, j'avois taſché de faire voir que cette conſideration des Eſtrangers, n'avoit point encore eſté du gouſt des Romains, puis qu'autrement ils auroient deu par cette meſme raiſon ſe ſervir en ces rencontres de la Langue Grecque, qui avoit cours preſque par toutes les Nations, au lieu que le Latin eſtoit demeuré renfermé en de tres-petits eſpaces, meſmes depuis que les armes de la Republique eurent parcouru toute la Terre. Et afin d'oſter tout ſujet de conteſter

DISCOVRS.

ſur le plus ou le moins d'uſage de la Langue Latine, devant ou depuis ces Conqueſtes, j'avois allegué l'exemple d'un Monument illuſtre eſlevé dans Rome, avant que les forces du Peuple Romain fuſſent ſorties d'Italie, & que leur Langue ſe fuſt reſpanduë parmy les autres peuples, qui eſt la Colonne Roſtrale eſlevée à l'honneur de C. Duilius, ſur laquelle ils ne mirent point une Inſcription en Langue Grecque, qui conſtamment eſtoit alors la plus eſtenduë de l'Univers, mais ſe ſervirent de leur propre Langue, quoy qu'elle fuſt tres-particuliere ; faiſant connoiſtre par ce choix qu'ils n'avoient point tant d'eſgard aux

DISCOVRS 2. Estrangers, qu'on veut que nous ayons maintenant. Ce qui m'avoit fait conclure qu'à les imiter en general, nous devions nous servir de nostre Langue en ces occasions aussi bien qu'eux.

Voila quel estoit le Plan de mon premier Discours, & ce qu'il falloit destruire, si l'on vouloit nous persuader que nous devons aujourd'huy preferer la Langue Latine à la nostre. Cependant c'est ce qui n'a point esté fait; Car pour le faire il faudroit prouver, ou que le rapport qui est entre la Langue Latine, & la Françoise, n'est pas le mesme entre la Grecque & la Latine; ou qu'encore qu'il fust le mesme, neantmoins que les Romains ont eu des raisons toutes particulieres pour s'abstenir de la Langue Grecque, desquelles nous ne pouvons pas nous servir aujourd'huy pour rejetter la Langue Latine de nos Inscriptions publiques ; & c'est encore ce qui n'a point esté prouvé assez clairement.

DISCOURS 2.

Car quand mon illustre Adversaire dit, *Que la Langue Françoise n'est autre chose qu'une dépendance, & un rejetton de la Latine*, je l'en crois sans doute ; Mais quand il adjouste, *Que le Latin ne deut jamais sa naissance au Grec, & n'en fut jamais un simple Dialecte, & une espece d'abastardissement comme le François l'est du*

La Langue Latine est à la Françoise, ce que la Grecque estoit autresfois à la Latine.

DIS-COVRS I.

Latin ; c'eſt ce que je ne puis luy accorder, tandis que les plus celebres Autheurs de l'antiquité ne ſeront pas de ſon avis. C'eſt pourquoy je ne craindray point d'oppoſer à ſa propoſition une propoſition toute contraire, & conceuë dans les meſmes termes pour éviter toute équivoque, & de dire, Que comme la Langue Françoiſe n'eſt autre choſe qu'une dépendance, & un rejetton de la Latine, de meſme la Langue Latine n'eſt autre choſe qu'une dépendance, & un rejetton de la Grecque ; Et que le Latin doit ſa naiſſance au Grec, dont il eſt une eſpece d'abaſtardiſſement, comme le François l'eſt du Latin.

La Langue Françoiſe eſt un rejetton de la Latine.

Latin. J'adjousteray encore, Que comme la Langue Françoise est composée en partie de la Langue Latine, en partie de la Langue des anciens Gaulois & Allemans, de mesme la Langue Latine est composée en partie de la Langue Grecque, en partie de la Langue des anciens Barbares qui occupoient cét endroit de l'Italie où Rome a depuis esté bastie. DISCOVRS I.

Ces propositions se prouvent par des tesmoignages formels des anciens Historiens, & de nation Grecque, & de nation Romaine. Car Denys d'Halicarnasse au premier Livre de son Histoire, en parlant de l'origine des Romains, aprés

DIS-COVRS 2.

avoir juſtifié que les peuples qui baſtirent la Ville de Rome n'eſtoient point un ramas de Barbares fugitifs ; mais une aſſemblée de divers peuples Grecs venus du Peloponeſe, qui s'eſtoient habituez en ces quartiers-là. Il conclut, Qu'on peut dire avec aſſeurance que la Ville de Rome eſt une Ville Grecque. Et à l'eſgard de la Langue de cette Ville, voicy de quelle façon il en parle.

La Langue Latine eſt un rejetton de la Grecque.

„ Les Romains, dit-il, ont une
„ Langue qui n'eſt ny entie-
„ rement Barbare ny entiere-
„ ment Grecque, mais qui
„ tient de l'un & de l'autre, &
„ qui en pluſieurs rencontres
„ s'approche fort du Dialecte
„ Æolique. Quintilien au Cha-

pitre cinquiesme de son premier Livre, en parlant de la Langue Romaine, dit que les mots de cette Langue se divisoient en Latins ou Estrangers; Et aprés avoir fait voir qu'il y avoit des mots de toutes les Nations voisines qui s'estoient glissez dans la Langue Romaine. Il adjouste; Mais cette „ division regarde particulie„ rement le Grec, d'où la plus „ grande partie de la Langue „ Latine est venuë; si bien que „ quand nous manquons d'un „ mot, nous en prenons un pu„ rement Grec. Et au Chapitre sixiesme, où il traitte de l'Etymologie, ou de la recherche qui se fait par curiosité de l'origine des mots, voicy comment

DISCOVRS.2.

DISCOURS 2. „ il parle ; Cette connoissance „ est pleine d'Erudition, soit „ que nous recherchions l'ori- „ gine des mots venus du „ Grec, dont nous avons une „ grande quantité, & parti- „ culierement du Dialecte „ Æolique, qui est fort sem- „ blable à nostre Langue. Et c'est ce qui a donné occasion à quelques-uns d'appeller les Æoliens, *Aborigines Latinorum*. Les Romains n'avoient pas seulement emprunté les mots des Grecs, mais aussi les Caracteres qui en sont les Peintures. C'est Denys d'Halicarnasse qui fait encore cette observation, & il en apporte pour tesmoignage, que Tullius Roy de Rome, ayant

Lib. 4.

fait la Paix avec les peuples des environs de la Ville, il fit graver les Articles du Traité en Caracteres Grecs sur une Colonne de Bronze, laquelle se voyoit encore du temps de cét Historien, c'est à dire sous le regne d'Auguste. „ Et l'usage de ces Caracteres, „ adjouste-t'il, est encore une „ grande preuve, que la Ville „ de Rome n'avoit point esté „ fondée par les Barbares; car „ on ne s'y seroit pas servy „ des Caracteres Grecs, si „ le Peuple eust esté Barba- „ re d'origine. Pline escrit la mesme chose touchant les Caracteres Romains, qu'il dit estre semblables aux anciens Caracteres Grecs; Et il en ap-

DISCOURS I.

Lib. 7. cap. 58.

DIS-COVRS 2.

porte un autre exemple, d'une Table d'airain que les Empereurs avoient miſe dans la Bibliotheque Palatine. Et de fait, les Figures dont nous nous ſervons encore aujourd'huy pour nos lettres majuſcules, comme A, E, I, M, N, &c. ſont encore les meſmes dont ſe ſervoient les anciens Grecs, & qui ſont paſſées juſqu'à nous par le moyen des Romains, tant il eſt vray que la Langue Latine n'eſt autre choſe qu'un rejetton de la Grecque, comme la Françoiſe n'eſt qu'un rejetton de la Latine.

Autres rapports de ces trois Langues.

Tous les autres rapports qui ſont entre la Langue Latine & la Françoiſe, ſe rencontrent les meſmes entre la Langue

Latine & la Grecque. Mon illuſtre Adverſaire dit que la Langue Latine eſt aujourd'huy une Langue univerſelle, & que la Françoiſe eſt une Langue particuliere. J'ay monſtré amplement dans mon premier Diſcours, qu'on diſoit autrefois à Rome, que la Langue Grecque eſtoit entenduë de toutes les Nations, & que la Latine eſtoit renfermée en des bornes tres-eſtroittes. *Græca leguntur in omnibus gentibus, Latina finibus ſuis, exiguis ſane, continentur.* Il adjouſte que la Langue Latine eſt plus excellente que la Françoiſe, & que cela paroiſt par les Traductions faites de Latin en François, qui n'égalent jamais la

DISCOVRS 2. beauté de l'original. Eh que voit-on plus ſouvent dans les Autheurs Latins qui ont parlé de bonne foy, que des plaintes de l'impuiſſance, & de la pauvreté de la Langue Latine, à comparaiſon de la force, & de l'abondance de la Langue

Pauvreté de la Langue Latine, à comparaiſon de la Grecque.

„ Grecque. Je ne doute point, „ dit Lucrece, combien il eſt „ mal-aiſé de deſcrire en vers „ Latins les obſcures deſcou- „ vertes des Grecs dans les cho- „ ſes naturelles, à cauſe de la „ pauvreté de noſtre Langue. „ Et Quintilien, Pour exiger des „ Latins les agréemens de la „ Langue Attique, Il faudroit „ que nous puſſions nous expri- „ mer avec la meſme grace, & la „ meſme abondance; Et ſi cela nous

Lucre. lib. 1.

Lib 12. cap. 10.

„nous eſt dénié, il faut que nous „ajuſtions nos penſées aux „mots tels que nous les avons. Aulugelle dit de meſme, Qu'il „avoit ſouvent pris garde que „les Grecs avoient grand nom„bre de mots, dont les Latins „ne pouvoient exprimer la „force, non ſeulement par un „mot ſeul; mais meſme par „un grand tour de paroles. Et nous ſçavons encore aſſez de ces Langues illuſtres, pour pouvoir eſtre nous-meſmes les teſmoins de cette verité, par la confrontation de pluſieurs endroits celebres des Autheurs Grecs, que les Latins ont imitez. Ainſi Tite-Live ayant copié pluſieurs endroits de Polybe, eſt preſque touſiours de-

DISCOVRS 2.

Lib. 11. cap. 16.

Autheurs Latins fut au deſſous des Grecs.

Tite-Live au deſſous de Polybe.

DIS-
COVRS 2. meuré au deſſous de l'original; Et la deſcription du paſſage du Rhoſne par Annibal, & ſur tout de la maniere dont il fit paſſer ſes Elefans, qui n'a garde d'eſtre ſi bien entenduë dans le Latin que dans le Grec, en eſt un teſmoignage ſuffiſant quand on n'en auroit point d'autre. Ainſi Terence au ſentiment de Cæſar, n'eſtoit que

Terence au deſſous de Menandre.

la moitié de Menandre. Il ſe plaignoit de n'y trouver point cette force Comique qui rendoit Menandre ſi agreable, Et tous les autres Poëtes de Theâtre Latins, ont parû ſi peu de choſe à Quintilien, qu'il diſoit que l'Eloquence Romaine boitoit de ce coſté-là; quoy que Varron euſt avancé que les

Muſes auroient parlé par la bouche de Plaute, ſi elles euſſent parlé Latin, & que l'on fiſt ſi grand eſtat de Cæcilius, & de Terence, que l'on attribuoit les Ouvrages de ce dernier à Scipion l'Afriquain. En tout „ cela, pourſuit-il, à peine „ attrapons-nous l'ombre de „ la beauté Grecque ; ce qui „ laiſſe à croire, que la Lan„gue Latine n'eſt pas capa„ble de ces graces qui ſem„blent avoir eſté données „ en partage aux ſeuls Athe„niens. Le meſme n'a jamais mis en queſtion, qui eſtoit le plus excellent de Virgile ou d'Homere, nonobſtant ce fameux Diſtique, qui fut fait lors que Virgile compoſoit ſon

DISCOVRS 2.

Virgile au deſſous d'Homere.

DIS-COVRS 2. Æneïde, par lequel on promettoit qu'il alloit paroiſtre quelque choſe de plus grand que l'Iliade,

> ***Neſcio quid majus naſcitur Iliade.***

Et quand il touche la comparaiſon de ces deux grands Poëtes, apres avoir donné le ſecond rang à Virgile, Il dit ſeulement à ſa loüange, Qu'il „ y a bien plus loin de luy au „ troiſieſme, qu'il n'y a du pre„ mier au ſecond. Ainſi Horace declare hautement qu'il y a de la temerité à vouloir égaler Pindare; Et Virgile meſme attribuë la gloire de l'Eloquence à d'autres qu'aux Romains.

> *Orabunt alij melius cauſas.*

Ce qui regarde les Athe-

DIS-COVRS 2.

niens ſelon Servius.

Ciceron injuſte envers les Grecs.

Ainſi nous voyons ſi Ciceron en doit eſtre creu ſur ſa parole, lors qu'il nous veut perſuader que tout ce que les Romains avoient pris des Grecs, ils l'avoient rendu meilleur; Et quand il luy a pris fantaiſie de ſouſtenir que la Langue Latine eſtoit plus riche & plus abondante que la Grecque, Il l'a fait comme un grand Orateur qui prend plaiſir à avancer un Paradoxe pour faire paroiſtre ſon eſprit, ou bien ſelon le ſentiment de Monſieur Budée; Il la
„fait pour flatter le Peuple Ro-
„main qu'il adoroit, & de la fa-
„veur duquel il faiſoit ſa Divi-
„nité. Car enfin, adjouſte ce fameux Eſcrivain, & dont le

DIS-COVRS 2. jugement en cette matiere ſe peut égaler à celuy des Anciens, veu la profonde connoiſſance qu'il a euë de l'une „ & de l'autre Langue. Il n'eſt „ pas d'un homme d'honneur, „ de dire que la Langue Grecque, qui eſt la ſource de l'Eloquence Romaine, ſoit pauvre & maigre, à comparaiſon „ de la richeſſe, & de l'abondance de la Langue Latine. En un autre endroit, il enviſage ces deux Langues ſous la reſſemblance du Poëte, & de l'Acteur d'une Comedie. La „ Grecque, dit-il, eſt le Poëte; „ la Latine n'eſt que le Comedien; Car qu'ont fait autre „ choſe les Romains, que de „ tranſporter chez eux, la Poëſie

Budæus Deaſſe.

„ & l'Eloquence qu'ils avoient „ prises des Grecs. Enfin, dit-il, „ je veux bien qu'on ſçache, „ que la Langue Latine n'eſt „ que l'Imitatrice, & s'il faut „ ainſi dire, le Singe de la Grec- „ que. Ce ſont-là ce me ſemble les plus fortes Objections qu'on faſſe maintenant contre la Langue Françoiſe à l'honneur de la Latine ; & qui ſont les meſmes que l'on a faites contre la Langue Latine, à l'honneur de la Grecque. Ce qui fait voir que deux gouttes de lait, ne ſont point plus ſemblables l'une à l'autre, que le rapport du François avec le Latin, eſt ſemblable au rapport du Latin avec le Grec. D'où il s'enſuit, que ſi ces rai-

DISCOVRS 2.

Budæus in pandectas.

DISCOURS I.

sons de Priorité & de Filiation; de Beauté mesme & d'Excellence, estoient des raisons decisives, & naturellement convaincantes, comme le pretend mon illustre Adversaire, pour donner aujourd'huy la preference à la Langue Latine sur la Françoise dans les Monumens publics, ces mesmes considerations auroient deu produire le mesme effet dans l'Esprit des anciens Romains, & les engager à preferer la Langue Grecque à la leur, dans les Inscriptions de leurs Arcs de Triomphe, & de leurs Colonnes Rostrales.

Si les Romains ont eu des raisons particulieres pour preferer leur Langue à la Grecque, dans les Inscriptions des Arcs de Triomphe.

Mais, mon illustre Adversaire, qui voit mieux que moy, sans doute, le rapport de ces trois Langues entr'elles, & qui pourroit en alleguer des preuves plus claires, ne se tient pas convaincu par cette ressemblance, & nous objecte, comme il a esté desja dit, Que bien que tout cela soit veritable, les Romains ont eu des raisons particulieres pour preferer leur Langue à celle des Grecs, dont nous ne pouvons pas nous servir pour donner la mesme preference à nostre Langue sur la Latine. Et comme j'ay marqué dans mon premier Discours deux temps differens de la Ville de Rome, selon lesquels j'ay consideré les Ouvrages publics qui se sont faits à l'honneur des Princes, & des Generaux d'Armée; à sçavoir celuy de la Re- DISCOURS I.

DISCOVRS 2.

publique, & celuy des Empereurs, & que j'ay allegué pour le premier, l'exemple de la Colonne Rostrale de Caius Duilius, il a voulu establir ces raisons particulieres sur deux considerations tirées du different estat de la Grece, & de Rome, en ces deux divers temps. Et il le dit distinctement en ces paroles. *L'Inscription de la Colonne de Duilius se devoit faire bien plustost en Langue Latine qu'en Langue Grecque, puisque dans le temps de ce combat naval, le peuple Romain n'avoit point encore, ou presque point de commerce avec les Grecs;* Et plus bas, *Pour ce qui regarde les temps suivans, pendant lesquels les Romains estendoient leurs Victoi-*

Distinction de M. l'Abbé de Bourzeis pour appuyer ces raisons.

res, & leurs Conqueſtes dans la Grece, & dans l'Aſie, ils ont eu toute raiſon d'en vſer comme ils ont fait à l'eſgard des Grecs; parce qu'il n'eſt pas de la dignité du Peuple qui commande, de ſe ſervir de la Langue de celuy qui luy eſt ſoûmis, & ſur tout aux occaſions qui regardent la ſplendeur & la gloire de l'Empire, &c. Ils eſtimoient qu'il eſtoit de la hauteur, & de la Majeſté du Peuple regnant, de faire parler aux Sujets la Langue des Maiſtres, & d'obliger les vaincus à receuoir en meſme-temps le joug des Loix, & le langage des Vainqueurs. Et en un autre endroit; *D'où il eſt viſible, que les Romains que l'on nous objecte en ce lieu-cy, n'avoient pas alors* DISCOURS 2.

DIS-COVRS 2.

à beaucoup prés autant de raiſon de preferer la Langue Grecque à la Latine, quand meſme elle n'euſt pas eu la baſſe qualité de Langue ſervile & ſujette. Voila donc ces raiſons particulieres, que les Romains ont euës d'employer leur Langue pluſtoſt que la Grecque, tant au Siecle de Duilius que ſous les Empereurs. En l'un, parce qu'ils n'avoient point encore, ou preſque point de commerce avec les Grecs. En l'autre, parce que les Grecs eſtoient devenus leurs Sujets. Le premier eſt un effet de leur ignorance; Le ſecond de leur meſpris. On me permettra bien d'examiner cette diſtinction, quoy que tres-plauſible en apparence, parce qu'elle a peine à s'accorder, ce me semble, avec quelques faits de l'Histoire ancienne. Car pour respondre au premier point, Comment pourroit-on soustenir que du temps de C. Duilius, les Romains n'avoient point encore, ou presque point de commerce avec les Grecs, apres avoir veu que la ville de Rome avoit esté fondée par les Grecs, que sa Langue estoit une derivation de la Langue Grecque, & que c'estoit aux Grecs mesmes a qui dans les besoins de leur Republique naissante, ils ont esté demander du secours & du conseil? Il n'y a rien de plus fameux dans leurs Annales, que ce qui se

DISCOURS 2.

Responce à cette distinction.

Si le Grec estoit peu connu à Rome du temps de Diulius.

Estat de la Langue Grecque à Rome sous l'ancienne Republique.

DISCOVRS 2. passa à Rome, quelque temps apres que Tarquin en eust esté chassé, & lors que la Republique n'avoit pas encore pris une solide consistance. Le menu Peuple & la Noblesse estoient tous les jours aux mains pour la forme du Gouvernement. Ils deputerent tous d'un commun accord, cinq de leurs Magistrats pour aller à Athenes, & dans les autres Estats de la Grece, avec ordre de demander aux Peuples, la communication de leurs Loix, afin d'en composer les leurs; Et apres avoir demeuré deux ans à parcourir la Grece, ils retournerent chargez de Memoires & d'Instructions, qui furent traduites en leur Langue. Et c'est de cette recherche que se fit le premier Corps des Loix Romaines, qu'ils appellerent les Loix des douze Tables. Et cet exemple suffira pour faire voir, si j'ay deu croire facilement, que les Romains du temps de C. Duilius, n'avoient point encore, ou presque point, de commerce avec les Grecs, puisque cecy s'est passé 194 ans avant la victoire de C. Duilius, & qu'une grace si signalée, & qui avoit mis en quelque façon les Romains dans la dépendance des Grecs, devoit avoir fait une liaison durable entre ces Peuples ; veu mesme la frequentation continuelle des Romains avec les Grecs, pour les affaires de la Religion, &

DISCOVRS 2.

pour les beaux Arts, qui avoient tous pris naiſſance dans la Grece. Je dis pour les affaires de la Religion; Car il eſt conſtant, que le fonds de la Religion des Romains, eſtoit le meſme que de la Religion des Grecs; & c'eſt ce que Denys d'Halicarnaſſe prouve au long, par la deſcription des Feſtes qui ſe faiſoient à Rome en l'honneur des Dieux, où il fait voir qu'on y obſervoit les meſmes Ceremonies qu'en Grece; Que c'eſtoit le meſme ordre dans les Pompes & dans les Proceſſions, & que les Romains y portoient les Images des Dieux faites de la meſme maniere que les Grecs les re„preſentoient. Et cela ſeul, adjouſte

La Religion des Romains eſtoit preſque la meſme que celle des Grecs.

Lib. 7.

„ adjouste cet Historien, est „ une preuve suffisante, pour „ me faire croire que Rome n'a „ point esté bastie par des Peu- „ ples barbares, mais par des „ Peuples venus de divers en- „ droits de la Grece; Car il se „ pourroit bien faire que les „ Barbares se rencontreroient „ par hazard avec les Grecs en „ quelques Ceremonies de „ Religion; mais de se rencon- „ trer en toutes, c'est ce qui „ n'est pas possible. Et Cæcilius, qui avoit aussi escrit des Antiquitez Romaines, prouve la mesme chose à l'occasion des Sacrifices que les Romains faisoient à Hercule, lesquels estoient entierement à la maniere des Grecs. De là vient

DIS-COVRS I.

Apud Strab. l. 5.

DIS-COVRS 2.

S. Paul par les Grecs entẽd tous les Payens.

peut-eſtre, que l'Apoſtre par le mot de Grecs entend tous les Payens; parce que les Grecs eſtoient les Chefs de cette Religion. Nous preſchons, dit-il, JESUS-CHRIST crucifié; ce qui eſt un ſcandale aux Juifs, & une folie aux Grecs. Ἕλλησι δὲ μωρίαν. La Verſion vulgate porte, *Gentibus ſtultitiam*, une folie aux Gentils. Et cela fait voir que cette ſuperiorité pour la Religion, qui rend aujourd'huy la Langue Latine ſi venerable pardeſſus la Françoiſe, ne manquoit pas meſme à la Langue Grecque ſur la Latine. C'eſt pourquoy je crois avoir raiſon de ſouſtenir encore, que les Romains n'ont point ceſſé d'avoir commerce avec

1. Corinth.

DISCOURS I.

les Grecs ; depuis ce fameux voyage dont nous venons de parler, quoy que mon illustre Adversaire avance le contraire. Et de fait, je vois que durant la guerre contre les Veïentins, qui commença l'an de Rome 348. les Romains consultent l'Oracle de Delfes, au sujet du desbordement du Lac d'Albe ; Et la ville de Veïes ayant esté prise, le Dictateur Furius Camillus declara qu'il avoit fait vœu à Apollon Pythien, de luy offrir la dixiesme partie du butin ; C'est pourquoy il fut resolu d'acquitter ce vœu, & on estima ce que valoit la Ville & le Territoire, dont on envoya le prix en or au Temple de Delfes. Je vois

Grãd commerce des Romains avec les Grecs, pour les matieres de la Religion.

DISCOVRS 2. que durant la guerre contre les Samnites, qui commença l'an de Rome 410. Les Romains consulterent encore le mesme Oracle de Delfes, qui leur ordonna, selon le rapport de Pline, d'eslever une Statuë au plus vaillant des Grecs, & une au plus sage, & cela fut cause qu'ils esleverent des Statuës dans la Place publique à Alcibiade & à Pythagore. Je vois qu'en l'an 463. de la Fondation de Rome, cette Ville estant affligée de peste, elle envoye des Deputez à Epidaure, pour en rapporter une Image d'Esculape, & qu'à leur retour ils luy bastirent un Temple dans l'Isle du Tibre. Tout cela est arrivé dans cet intervale qu'il y a entre les Loix des 12 Tables, & la Victoire de Duilius remportée sur les Cartaginois; Et quelque temps apres les Romains ayant esté deffaits par les mesmes Cartaginois en la Bataille de Cannes, ils envoyerent encore consulter l'Oracle de Delfes de quelle maniere ils pourroient faire cesser leurs mal-heurs. Il en est de mesme pour les beaux Arts, & je n'en veux point d'autre exemple que celuy d'un des plus signalez Citoyens Romains, je veux dire Fabius Pictor, qui remporta le surnom de Peintre, parce qu'il estoit devenu assez habile en cet Art, pour avoir peint de

DISCOVRS I.

Grãd commerce des Romains avec les Grecs pour les beaux Arts.

DIS-COVRS 2. ſa main propre un Temple entier dans la ville de Rome, 44 ans avant la Victoire de Duilius. Car de qui pouvoit-il avoir appris à peindre, que des Grecs ou des Diſciples des Grecs, chez qui la Peinture eſtoit cultivée avec l'admiration de toute la terre. Et tous ces voyages de Devotion, & cette communication pour les Arts, ne ſe pouvoient pas faire, que les Romains n'euſſent beaucoup de connoiſſance de la Langue Grecque, à cauſe de la reſſemblance qu'il y a entre ces deux Langues, l'une eſtant la mere de l'autre. Auſſi je vois que peu de temps apres la victoire de Duilius, le Grec s'entendoit aſſez à Rome pour y representer des Comedies en Langue Grecque, comme nous l'apprenons de Suetone, en son Traité des Illustres Grammairiens, où parlant de Livius & d'Ennius qui ont esté les plus anciens Poëtes Comiques de Rome, il les appelle Demy-Grecs, & dit qu'ils avoient fait des Comedies en Langue Grecque & en Langue Latine. *Antiquissimi Doctorum qui idem & Poëtæ & Oratores, semi Græci erant, Livium & Ennium dico, quos utraque Lingua domi forisque docuisse adnotum est.* Car ce Livius estoit en son plus grand esclat l'an 514. de Rome, c'est à dire 20 ans seulement apres la Bataille de Duilius, & ce fut en

DISCOVRS 2.

Comedies representées en Grec à Rome.

DISCOVRS 2. cette année qu'il fit representer sa premiere piece de Theâtre Latine. Or Suetone nous disant, qu'il avoit fait des Comedies en l'une & en l'autre Langue, tant à Rome qu'ailleurs, *utraque Lingua domi forisque docuisse*, il s'ensuit que le Grec estoit desja alors assez en usage parmy les Romains, puisqu'il s'y faisoit des Spectacles en cette Langue. Je dis des Spectacles; car le mot, *docuisse*, qui est icy employé par Suetone, se doit entendre indubitablement dans la signification que les Grammairiens Grecs donnent au mot διδάσκειν, *docere* quand ils parlent des Poëtes de Theâtre; car ce *docere*, ne signifie autre chose que faire

faire representer une Comedie. Et il est employé dans Ciceron en ce mesme sens au sujet de ce Livius. *Qui primus*, dit-il, *fabulam C. Clodio & M. Tuditano Coss. Docuit.* Et Horace,

Vel qui Prætextas, vel qui docuere Togatas.

DIS-COVRS 2.

Mais ce qui confirme encore l'usage de la Langue Grecque à Rome en ce temps-là ; c'est que le Senateur Fabius Pictor, fils de celuy qui avoit peint le Temple de la Paix, & qui pouvoit dans sa jeunesse avoir veu eslever la Colonne Rostrale de Duilius, escrivit en Grec l'Histoire Romaine, & particulierement celle de la Guerre contre les Carthaginois ; Et son exemple fut suivy

Senateurs qui escrivent l'Histoire de leur temps en Grec.

DISCOURS 2.

par un autre Senateur ſon Contemporain, nommé L. Cincius Alimentus, qui eſcrivit auſſi cette Hiſtoire en Grec, l'un & l'autre de ces Autheurs ayant eſté tres-celebres, & ſouvent citez par Polybe, par Denys d'Halicarnaſſe, & par Tite-Live. Or il n'y a nulle apparence, que deux perſonnes de la premiere qualité comme eux, euſſent eſcrit l'Hiſtoire Romaine en Grec, si cette Langue n'avoit alors eſté aſſez commune à Rome, pour faire que leur deſſein n'euſt pas eſté jugé extravagãt.

Pourquoy Thucydide ny Xenophon n'ont point parlé des Romains.

C'eſt pourquoy ce n'eſt point une raiſon pour pretendre, comme fait mon illuſtre Adverſaire, que les Romains n'euſſent aucune communication avec les Grecs, dans l'intervale de temps qui s'est coulé depuis les Loix des douze Tables jusqu'au Siecle de Duilius, que de dire qu'il n'est point parlé des Romains dans Thucydide ny dans Xenophon, qui ont escrit dans ce mesme intervale de temps; Car ces deux Autheurs n'ayant eu dessein que d'escrire ce qui s'estoit passé durant la Guerre de la Republique d'Athenes contre celle de Lacedæmone, il n'y a point de merveille, qu'ils n'ayent pas parlé des Romains, qui ne prirent party ny avec les uns ny avec les autres; Et cela prouve seulement, que les interests d'Estat de Rome & de ces Republiques Grec- DISCOVRS 2.

DIS-COVRS 2. ques, eſtoient entierement ſeparez. Mais cela n'empeſche pas qu'il n'y euſt alors grande communication, entre les Romains & les Grecs, pour la Religion, & pour les beaux Arts, comme nous avons veu.

On ne peut donc pas dire, que la Langue Grecque ne fuſt preſque pas connuë des Romains au temps de Duilius; Et il n'auroit pas eſté neceſſaire de le prouver avec tant de ſoin, ſi mon illuſtre Adverſaire ne s'eſtoit ſervy de cette ſuppoſition, comme d'un argument tres-fort, pour inferer que l'exemple que j'ay allegué de l'Inſcription de Duilius, dans mon premier Diſcours, ne convient point au ſujet, & ne conclut rien en cette occasion ; parce qu'il tasche d'attribuer la resolution que prirent les Romains de se servir de la Langue Latine en cette Inscription, au peu de connoissance qu'ils avoient alors de la Langue Grecque, au lieu de l'attribuer selon la verité, au choix qu'ils voulurent bien faire de leur propre Langue, pour ce Monument celebre, comme en tous les autres de mesme nature, par une raison plus importante que nous toucherons tantost.

DISCOURS 2.

Quant à ce qui s'est passé du temps des Empereurs, où mon illustre Adversaire pretend que les Romains regardoient les Grecs avec trop de mespris, pour employer leur Langue

Estat de la Langue Grecque à Rome sous les Empereurs.

DIS-COVRS 2.

dans les Inſcriptions des Arcs de Triomphe ; *Parce qu'il n'eſtoit pas de la dignité du Souverain, de ſe ſervir de la Langue de celuy qui luy eſtoit ſoûmis ;* Et qu'au contraire, *Il eſtoit de la hauteur & de la Majeſté du Peuple regnant, de faire parler aux Sujets la Langue des Maiſtres ; & d'obliger les Vaincus à recevoir en meſme temps le joug des Loix, & le langage des Vainqueurs* ; Je ne puis encore eſtre de ſon avis. Aſſeurément ces Maiſtres de l'Univers ont eu beaucoup d'inclination à s'eſtimer eux-meſmes, & à faire peu d'eſtat des autres ; Mais ils n'en ſont jamais venus juſqu'à ce point de brutalité & d'aveuglement, que de vouloir

Si les Romains ont meſpriſé les Grecs.

imposer une Loy si rude & si pleine de mespris, à des Peuples dont ils faisoient gloire d'estre descendus, & chez qui ils avoiēt trouvé tant d'exemples de Valeur, de Probité, de Sagesse. Encore que la Grece fust au nombre des Provinces de l'Empire, ils n'ont pas pour cela regardé les Grecs comme de miserables Esclaves, à qui ils auroient voulu oster jusqu'à l'usage de leur Langue naturelle. Ils n'ont jamais tellement perdu la memoire, qu'ils ne se souvinssent tousiours, que les Grecs estoient leurs Maistres aussi bien dans l'Art Militaire, que dans les Sciences. C'estoient les Grecs qui leur avoient appris, que Onze mille hommes de pied, DISCOURS 2.

DIS-COVRS 1. dénuez de cavalerie & de gens de trait, pouvoient en attaquer trois cens mille & les deffaire. C'eſtoient eux qui leur avoient appris, que Dix mille hommes, reſte infortuné d'un party abbatu & diſſipé, pouvoient faire une retraitte de ſix ou ſept cens lieuës, du milieu des Eſtats du Roy de Perſe, à la veuë des Armées de ce puiſſant Monarque, qui apres n'avoir pu les opprimer à force ouverte, n'eut point de honte d'avoir recours à la Perfidie, & à la Trahiſon, & ne put en venir à bout avec la Trahiſon meſme. C'eſtoient eux qui leur avoient appris que Trente-quatre mille hommes pouvoient entreprendre la conqueſte de toute l'A-

ſie, & renverſer un Empire où DISCOVRS 2.
il y avoit plus de Villes que de Soldats dans l'Armée d'Alexandre. C'eſtoient eux, enfin, qui leur avoient appris à ſe dévoüer pour le bien de la Patrie, non point un ou deux ſeparément ; mais trois cens tout d'un coup, qui s'expoſerent dans un deſtroit à une Armée innombrable de Barbares, afin de les arreſter du moins autant de temps qu'il en falloit pour les tuer. Du coſté des belles Lettres, c'eſtoit encore toute autre choſe. Les Romains ne pouvoient pas oublier qu'ils eſtoient redevables aux Grecs de la connoiſſance de l'Hiſtoire, de la Poëſie, de l'Eloquence, de la Philoſophie.

DISCOVRS 2. *Ab ipsis Philosophiam, & omnes ingenuas disciplinas habemus*, disoit Ciceron. Aussi, qui ne sçait l'estime en laquelle les gens de lettres de cette Nation estoient parmy les Romains, & ce ne seroit jamais fait si l'on en vouloit rapporter tous les exemples. Ils avoient eslevé une Statuë à Pythagore au milieu de leur Place publique, comme nous avons desja dit. La memoire d'Epicure estoit en une telle veneration parmy eux, qu'ils avoient tous son Portrait dans leur chambre, & qu'ils celebroient en son honneur tous les vingtiesmes du Mois, parce qu'il estoit né en un pareil jour. Le respect que le grand Pompée rendoit au

Philoſophe Poſidonius, n'eſt preſque pas croyable. Auguſte en pardonnant à la Ville d'A-xandrie, declare qu'il le faiſoit en partie en conſideration du Philoſophe Arrius; Et Trajan, en un jour de Triomphe, fit monter dans ſon Char Dion Chryſoſtome, comme s'il euſt crû augmenter l'honneur qu'il recevoit en le communiquant à cet Orateur illuſtre. Il en eſtoit de meſme touchant les autres Arts Liberaux, comme la Peinture, & la Sculpture. On a peine à croire avec quelle paſſion les Romains recherchoient les Ouvrages des Grecs. Un Lucius Craſſus achepta plus de trois mille eſcus, deux Coupes d'argent cizelées

DIS-COVRS 2. de la main de Mentor, & n'oſoit meſme s'en ſervir par reſpect. Cæſar paya quatre-vingt mille eſcus de deux Tableaux de Timomaque, qu'il fit mettre dans le Temple de Venus. Et Strabon nous apprend, qu'Auguſte donna cent mille eſcus aux Habitans de l'Iſle de Cos, pour ce fameux Tableau d'Apelle, où il avoit peint Venus ſortant de la Mer. Cela alloit juſqu'à la fureur. Ils eſtoient amoureux de certaines Statuës, comme les Amans le ſont de leurs Maiſtreſſes; Ils ne pouvoient ſe reſoudre de les perdre de veuë. L'Orateur Hortenſius faiſoit porter par tout où il alloit une Sphinx, qu'il avoit euë de Verres, pour l'avoir deffendu contre Ciceron ; & Neron avoit la mesme folie pour la Figure d'une Amazone. En un mot, Rome n'estoit riche ny belle que des Ouvrages des Grecs ; Et aprés cela on pourra s'imaginer, que le peuple Romain regardoit les Grecs avec trop de mespris pour se servir de leur Langue? Certes, il ne faut pas avoir si mauvaise opinion des Romains, que de croire qu'ils mesprisassent une Nation à qui ils devoient toutes choses. Et si quelquefois il se trouve dans leurs Livres quelques traits picquans contre les Grecs ; Si Ciceron a dit, qu'une longue dépendance les avoit instruits à la flatterie ; Si d'autres se sont

Comment il faut entendre les Romains, quand ils ont parlé mal contre les Grecs.

DISCOVRS 2.

divertis de quelque petit Grec affamé nouvellement venu à Rome, & diſpoſé à tout faire par l'eſpoir du gain; Si l'on s'eſt mocqué de quelque fourbe, ou de quelque parjure inſigne, il ne faut pas croire qu'ils ayent eſté aſſez injuſtes, pour pretendre attribuer à toute la Nation, les vices qu'ils pouvoient blaſmer en quelques particuliers. Autrement, il en prendroit mal aux Romains meſmes, si l'on reſpandoit ainſi ſur toute la Nation Romaine, les cruautez, les diſſolutions, & les deſbauches abominables, de quelques-uns de leurs principaux Citoyens. Et alors, il eſt certain, Que ſi l'on comparoit Nation contre Nation,

Les Grecs moins vitieux que les Romains.

vices contre vices, les Grecs paroiſtroient Juſtes auprés des Romains, qui ont porté les crimes, bien loin au delà des bornes où les Grecs les avoient laiſſez. C'eſt pourquoy Pline ſe mocque de nous, quand il attribuë aux Grecs l'invention de tous les vices, & qu'il les appelle *Vitiorum omnium Progenitores*. Puiſqu'ils eſtoient plus anciens que les Romains, il falloit bien que leurs vices euſſent paru les premiers dans le monde; Mais il ne faut pas craindre de dire, que les Diſciples ont ſurpaſſé de beaucoup les Maiſtres, & qu'ils ont eſté autant incomprehenſibles dans l'excez de leurs deſordres que dans l'excez de leur

DISCOVRS 2.

Paſſage de Pline expliqué.

DIS-COVRS 2.

Deffauts des Grecs.

Puiſſance. On a reproché aux Grecs, des deffauts qui ſont aſſez ordinaires aux gens de bel Eſprit, & d'une grande litterature : Car qui ne ſçait que le bel Eſprit & le grand ſçavoir, rendent communément les hommes Vains, Opiniaſtres, grands Parleurs, Flatteurs meſmes ſi l'on veut ; Que la Prudence degenere quelquefois en Timidité, ou en Irreſolution ; Que la Subtilité & la trop grande Penetration, engendre facilement des Parjures & des Infideles, parce qu'ils s'imaginent ne manquer jamais de raiſons pour deffendre leur conduite ? C'eſt la condition miſerable de la Nature humaine, que toutes les Vertus ont des Vices

Vices prochains qui les assie- DISCOVRS 2. gent, & il est bien rare, que de ces sources bourbeuses & voisines, il ne coule par intervale, quelques goutes de fange parmy la pureté de ces eaux celestes. Apres tout, il n'auroit pas esté de bonne grace aux Romains, de se mocquer des mœurs de la Grece, puisqu'ils y avoient esté chercher les Loix de l'honnesteté civile, & les maximes Politiques, qui ont asseuré les fondemens de leur Estat. Et je ne m'estonne pas, si Mr Budée blasme Ciceron, de s'estre si cruellement déchaisné contre les Grecs, en plusieurs endroits de ses ouvrages, puisqu'il avoüe en d'autres, qu'ils

DISCOVRS 2. leur eſt redevable & de ſa Philoſophie & de ſon Eloquence. „Leurs Livres, dit encore Pline, en parlant à l'Empereur Veſ„paſien, Portent des titres ma„gnifiques, des titres attirans, „& pour qui l'on quitte tou„tes ſortes d'affaires ; mais „quand on entre dedans, ô „Dieux ! quelle Pauvreté. Cependant l'Hiſtoire Naturelle de Pline, qui eſt un Livre inimitable, n'eſt qu'une compilation de cette Pauvreté des Grecs, dont il a trouvé moyen de tirer toutes ſes richeſſes ; Et tandis qu'il les cenſure d'un ton de Docteur dans ſa Preface, il eſt leur Eſcolier dans ſon ouvrage. Mais ces emportemens ſont excuſables. Il falloit bien que les Romains se vengeassent en quelque maniere de cette vanité Grecque, qui traittoit toutes les autres Nations de Barbares, & qui ne les en exceptoit pas eux-mesmes. *Nos quoque dictitant Barbaros*, disoit Caton le Censeur; c'est pourquoy il est vray de dire, que quand les Romains ont esté Maistres de la meilleure partie de l'Univers, ils n'ont pu voir sans chagrin, que les Grecs demeurassent tousjours les Roys du bel Esprit, & les Maistres des beaux Arts. Il déplaisoit peut-estre encore au menu peuple de Rome, que les Grecs y fissent de si grandes fortunes, & que les graces naturelles de cette Nation, fus-

DISCOURS 2.

Cause du dépit des Romains contre les Grecs.

DISCOVRS 2.

ſent cauſe qu'ils eſtoient mieux venus à Rome que les Romains meſme. Il leur déplaiſoit, ſans doute, qu'ils euſſent tant d'accez dans les maiſons de ces riches Patriciens, qui eſtoient autant de Princes, ou pour mieux dire autant de Roys, & qui ſe laiſſoient tellement charmer, par la gentilleſſe des Grecs, qu'on diſoit que dés qu'il en entroit un dans leur Palais, il en ſçavoit incontinent le ſecret, il conduiſoit tout, il en devenoit le Maiſtre.

Grand credit des Grecs à Rome.

Hic alta Sicyone, aſt hic Amydone relicta,
Hic Andro, Ille Samo, Hic Trallibus, aut Alabandis,
Eſquilias, dictumque petunt à vimine collem,

Viſcera magnarum domuum, Dominique futuri. DISCOVRS 2.

En un mot, la Grece vaincuë & ſubjuguée, avoit captivé ſes propres vainqueurs,

Græcia capta ferum victorem cæpit.

Qui veut voir de ſemblables plaintes au long, n'a qu'à lire la troiſieſme Satyre de Juvenal, où il introduit un Romain, qui ſe diſpoſe à changer de Pays, parce qu'il n'y avoit rien à eſperer pour luy, & que les Grecs emportoient tout. Ce qui luy fait dire, que la ville de Rome n'eſtoit plus qu'une ville Grecque.

Non poſſum fere, Quirites, Græcam urbem.

DISCOVRS 2. Et plus bas ; Il n'y a rien à faire, dit-il , pour un Romain , par tout où il y a un Grec , qui ſelon la couſtume de ſa Nation , ne veut faire part à perſonne des bonnes graces de ſon Maiſtre , mais le poſſeder tout ſeul.

Non eſt Romano cuiquam locus , hic ubi regnat
Protogenes aliquis, vel Diphilus , aut Erimanthus,
Qui gentis vitio , numquam partitur amicum ,
Solus habet.

Et dire cela , c'eſt demeurer d'accord , que les Grecs valoient mieux qu'eux, puiſqu'ils eſtoient plus conſiderez qu'eux-meſmes dans leur propre

Ville. Et il eſt aiſé d'imaginer, ce que peut avoir produit un ſemblable dépit contre les Grecs; Combien il peut avoir fait reſpandre d'invectives contre-eux, dans les entretiens & dans les Eſcrits, de ce temps là. Car il a touſiours eſté aſſez naturel, de n'aymer pas trop les gens, qui viennent de loin nous faire ombrage dans noſtre Pays, & cela devoit eſtre fort dur à digerer au commun des Citoyens Romains, à qui l'on a touſiours reproché, d'eſtre furieuſement attachez à leurs intereſts. Teſmoin Horace, qui dans l'endroit meſme où il louë ſi fort l'Eſprit & l'Eloquence des Grecs, nous fait voir au contraire, que l'incli-

DISCOVRS 2.

nation des Romains n'alloit qu'à l'Avarice, & à l'eſtude de l'Addition & de la Souſtraction, qui ſont des qualitez neceſſaires à un bon Banquier ou à un riche Uſurier. Tellement qu'il ne faut pas trop prendre au pied de la lettre, tout ce qui ſe trouve dit par les Eſcrivains de Rome contre la nation Grecque; car en tout cela il y a eu plus de Jalouſie que de Meſpris. Et je n'aurois point fait cette petite Digreſſion, ſi ces Epithetes *de Peuple dominant, & de Peuple ſoûmis; de Maiſtres, & de Sujets*, que mon illuſtre Adverſaire a employées parmy les raiſons qu'il allegue, n'appuyoient encore ce pretendu meſpris

Les Romains ont plus envié les Grecs qu'ils ne les ont meſpriſez.

mespris des Romains envers les Grecs, dont nous ne nous laissons que trop facilement persuader. On ne defere que trop à l'authorité de quelques passages des Anciens, qui entretiennent cette erreur vulgaire, faute de leur opposer d'autres tesmoignages plus forts, plus considerables, & en plus grand nombre, qui font voir que dans la plus haute splendeur de Rome, la nation Grecque y a esté recherchée, cherie, & honorée. Mais à l'égard de leur Langue, bien que mon illustre Adversaire dise qu'elle eust la *basse qualité de Langue servile & sujette*, il est tres-certain qu'elle y a tousjours esté dans une estime sans

DISCOURS 2.

Estime de la Langue Grecque à Rome.

DISCOURS 2. pareille. On ne pouvoit estre habile homme, & l'ignorer. „ Que peut faire un Orateur „ Romain sans la Langue Grec- „ que, disoit Ciceron ; & nous avons veu s'il le disoit par flatterie. Son meilleur Amy, le celebre Pomponius, faisoit gloire d'estre appellé l'Athenien, parce qu'il parloit, & qu'il escrivoit cette Langue comme s'il eust esté né dans Athenes. Luy-mesme, je veux dire Ciceron, avoit escrit l'Histoire de son Consulat en Grec, aussi bien que Lucullus celle du sien ; Et celuy-cy par une bizarrerie assez plaisante, disoit qu'il y avoit laissé des fautes, pour pouvoir prouver plus aisément qu'elle estoit faite par un Romain. Les Empereurs Germanicus, Caligula, Tite, & Adrien, ont composé divers Ouvrages en Prose & en Vers, en cette Langue, & ce dernier mesme en remporta le surnom de Grec. Elle estoit aussi commune parmy le beau monde, que la Romaine. DISCOURS 2.

Hoc sermone pavent, hoc iram, gaudia, curas,
Hoc cuncta effundunt animi secreta.

Et cela a esté si amplement prouvé dans nostre premier Discours, que ce seroit perdre le temps que de le repeter icy. Mais cette estime, & ce grand usage, n'ont pas fait qu'elle ait esté employée dans

DISCOVRS 3. les Inscriptions des Arcs de Triomphe, & des autres Monumens d'honneur eslevez à Rome, car c'est de quoy nous contestons; Et si l'on ne se renfermoit dans cette Question, il n'y auroit plus de matiere de dispute, puisque on ne peut pas douter que les Romains ne se soient servis de la Langue Grecque, mesmes dans les affaires d'Estat. Ils s'en sont servis sans doute; & quand Valere Maxime nous apprend, comme l'a observé mon illustre Adversaire, que d'abord les Magistrats de Rome s'estoient obstinez à ne traitter avec les Grecs qu'en Langue Latine, non seulement à Rome, mais mesme dans l'Asie, & dans la

Vsage de la Langue Grecque parmy les Romains pour les affaires d'Estat.

Val. Max. l. 2. c. 2.

Grece, & qu'ils les obligerent plustost à se servir de truchement ; Il fait voir aussi que cét usage avoit esté changé au temps de Ciceron, c'est à dire, au temps que Rome commença à devenir polie ; tellement que les Grecs eurent alors la liberté de parler dans le Senat en leur propre Langue, & que le premier qui y fut oüy, fut Apollonius Molo, fameux Orateur de Rhodes, que Ciceron mettoit au rang de ses Maistres. Il est vray que ce mesme Historien, je veux dire Valere Maxime, ne manque pas, comme bon Romain, d'empoisonner cet endroit, par une expression tres-injurieuse aux Grecs, quand il adjouste, que

DISCOURS 2.

Passage de Valere Maxime refuté.

DIS-COVRS I. depuis ce temps-là, le Senat avoit tous les jours la teſte rompuë de leurs diſcours, *Nunc Græcis actionibus aures Curiæ exſurdantur.* A l'entendre parler, il ſemble que ce Senat ſi orgueilleux & ſi puiſſant, n'euſt point d Huiſſiers, ny de Licteurs, pour eſloigner les importuns. Il ſemble que rien ne fuſt plus aiſé, que d'avoir audiance d'une aſſemblée, qui regloit toutes les affaires de l'Univers, & qu'on doive avoir pitié de la trop grande facilité de ces Magiſtrats, qui ſe laiſſoient accabler de tous les Declamateurs Aſiatiques. Mais nous ſommes accouſtumez au langage de la fierté Romaine ; & nous ne nous estonnons gueres de semblables exaggerations, qui ne sont pas tousiours fort judicieuses, non plus que celle-cy. Laissons-le donc se plaindre, de ce qu'on s'estoit relasché à Rome de l'ancienne severité, en recevant l'usage de la Langue Grecque, dans la conduite des plus grandes affaires; Quand nous manquerions de son tesmoignage, nous le pourrions apprendre d'ailleurs. Nous voyons encore des Lettres de Brutus, pour les affaires de la Republique, addressées à plusieurs Villes de l'Asie, & escrites en Grec. Nous voyons des Generaux d'Armée Romains haranguer leurs

DIS-COVRS 1.

Soldats en Grec. Auprés des Empereurs il y avoit des Secretaires pour les Lettres Grecques, auſſi bien que pour les Lettres Latines, *Ab Epiſtolis Græcis, ab Epiſtolis Latinis*, comme il ſe juſtifie par les Inſcriptions antiques. On trouve encore des reſcripts en Langue Grecque, des Empereurs Adrien & Antonin, en faveur d'une troupe d'Athletes. Dans les Monnoyes de l'Empire Romain, il s'en trouve un nombre infiny avec les Images des Empereurs, & des Inſcriptions Grecques; Et il ne faut point dire, que c'eſt à cauſe que ces Monnoyes eſtoient frappées dans des Villes Grecques; car cela n'en prouve pas moins, que les Romains n'avoient point banny la Langue Grecque des actes de la Souveraineté, au nombre desquels on a tousiours mis le droit de battre Monnoye. Puis qu'enfin si l'employ de la Langue Grecque en ces occasions leur eust dépleu, rien n'estoit plus aisé que d'obliger ces Villes, de mettre dans leurs Monnoyes des Inscriptions Latines, comme le faisoient les Colonies Romaines envoyées dans la Grece. Diray-je encore, que l'Empereur Claudius respondoit en Grec aux Ambassadeurs en plein Senat, & que souvent en rendant la Justice il citoit des Vers d'Homere.

DISCOURS 2.

DISCOVRS 2. Aussi, quand il parloit de la Langue Grecque, & de la Latine, il les appelloit *Nos deux Langues*, comme s'il n'eust point fait de difference entre l'une & l'autre. Et s'il destitua un Juge dans la Grece, & luy osta mesme la qualité de Citoyen Romain, parce qu'il ne sçavoit pas parler Latin, il ne le fit pas pour punir en luy l'usage de la Langue Grecque, mais pour vanger le mespris qu'il avoit fait de la Latine. Il est donc vray, que les Empereurs & les autres Magistrats Romains, n'ont point eu ce dégoust ambitieux, de ne se vouloir pas servir du Grec dans les affaires d'Estat, *Comme s'ils avoient creu rabbattre de leur*

Sueton.

Dignité de Monarques du Monde, en empruntant la Langue de leurs sujets dans l'exercice des fonctions Royales, & Publiques, pour parler dans les termes de mon illustre Adversaire; Ou qu'ils eussent eu cette vaine pretension de vouloir faire de leur Langue, une Langue universelle. Et ainsi, l'on voit clairement, que s'ils n'ont point employé la Langue Grecque dans l'Inscription de la Colonne Rostrale de C. Duilius, ou dans celles des Arcs de Triomphe eslevez à la gloire des Empereurs, ce n'a point esté, ny par defaut de connoissance en un temps, ny par mespris en l'autre, qui sont les principales raisons que mon

DISCOURS &c

Conclusion de cette premiere Partie.

DISCOVRS 2.

illuſtre Adverſaire a rapportées ; Mais par une raiſon premiere, par une raiſon predominante, qui ne leur a pas laiſſé en ces occaſions, la liberté d'employer dans la Ville de Rome une Langue Eſtrangere, & qui nous impoſe aujourd'huy la meſme neceſſité, de nous ſervir de noſtre Langue Françoiſe. C'eſt ce que je n'avois point expliqué dans mon premier Diſcours, où j'ay monſtré ſeulement, quelle eſtoit la pratique des Romains, ſans en alleguer d'autre raiſon, que l'amour qu'ils pouvoient avoir pour leur Langue & pour leur Patrie. Mais maintenant il faut deſcouvrir quelle eſtoit la ve-

Qu'on n'a point touché la veritable raiſon pourquoy les Romains ont preſé le Latin au Grec dans les Inſcriptions des Arcs de Triomphe.

ritable raiſon de cette Politique, afin de faire voir, que nous devons faire la meſme choſe, non pour les imiter ſimplement, mais pour obeïr à cette raiſon ſupréme, qui veut que tous ces Monumens illuſtres, qu'on eſleve à la gloire des grands Perſonnages, ayent des Inſcriptions en Langue vulgaire : En ſuite nous verrons ſi l'on a raiſon de donner à la Langue Latine le ſuperbe titre de Langue Univerſelle, & je monſtreray qu'elle eſt eſtrangere en France, quoy qu'on en puiſſe dire. Enfin, dans la derniere Partie de ce Diſcours, je me hazarderay de ſouſtenir, que la noſtre ne luy cede ny en Force ny en

DISCOVRS 2.

Projet de la ſeconde Partie de ce Diſcours.

DISCOVRS 2.

Beauté, & qu'elle ne tiendra point indignement la place que la Nature & la Raiſon, luy donnent, dans l'Inſcription de l'Arc de Triomphe Peut-eſtre que l'eſclairciſſement de ces veritez, fera que ce Diſcours ne ſera pas entierement inutile.

Seconde Partie de ce Diſcours.

JE dis donc que c'eſt une raiſon ſupréme, une raiſon predominante, qui a fait que les Romains ont preferé leur Langue naturelle à toute autre, pour ces Inſcriptions glorieuſes, & qui nous impoſe aujourd'huy la meſme neceſſité, Parce qu'elles doivent eſtre par tout en Langue vulgaire. Cette propoſition qui

Raiſon veritable pour quoy les Inſcriptions des Monumens d'honneur doivent eſtre en Langue vulgaire.

ſemble d'abord aſſez hardie, eſt appuyée ſur un Principe, que je ne crois pas qu'on me puiſſe raiſonnablement nier, qui eſt, Que ces Monumens glorieux, n'ont eſté eſlevez parmy les Romains, non plus que chez les autres Peuples, que pour honorer, & pour faire aimer la Vertu. Les Eſtats où il s'eſt rencontré de ces Ames eſclairées, qui n'ont eu pour objet de leurs actions que le Bien; Ce Bien veritable & tranſcendant, qui eſt une portion de la Divinité, & qui ſe communique aux hommes ſous divers noms; Qui s'appelle Juſtice, quand on rend à chacun ce qui luy appartient; Qui s'appelle Valeur, quand on expoſe

DISCOURS I.

Les recompenſes ſe donnent pour faire aimer la vertu.

DIS-COVRS I. genereusement sa vie & sa fortune, pour resister aux entreprises des meschants; Qui s'appelle Temperance, quand on dompte les transports violens des Passions; Qui s'appelle Prudence, quand on ne se laisse jamais surprendre; Les Estats, dis-je, où il s'est rencontré de ces grandes Ames, ont tiré tant d'avantage d une conduite si noble & si divine, qu'ils ont creu devoir leur tesmoigner leur estime, par des Monumens Publics, puisqu'enfin rien ne peut recompenser les travaux infinis, qu'il faut prendre pour faire les grandes actions, que l'Honneur. Cette obligation a esté trouvée si juste, qu'elle s'est estenduë

DIS-COVRS 2.

Qu'on a recompensé les personnes Illustres mesme apres leur mort.

estenduë jusqu'aux morts, & que ceux qui n'estoient plus en estat de sentir la joye des honneurs qu'on leur decernoit, ne laissoient pas de les recevoir autant qu'il estoit possible. Delà est venuë l'invention de ces Sepulchres vuides, que l'on bastissoit à ceux dont on n'avoit pas mesmes les corps; De ces superbes Cenotaphes que l'on couvroit de Couronnes, & que l'on environnoit de Trophées; afin de faire voir que la Patrie n'est jamais ingrate, & qu'elle paye tousiours autant qu'elle peut, ces sortes de debtes, dont elle tire sa gloire.

Quel fruit il y a à esperer de la recompense qu'on donne à la vertu.

Mais cet honneur que l'on rend aux vertueux, n'est pas,

DIS-COVRS 2.

s'il faut ainſi dire oiſif, & ne meurt pas en la perſonne de celuy qui le reçoit. Il a encore un ſecond effet, auſſi noble & meſmes plus utile, qui eſt d'entretenir l'Amour de la Vertu dans le cœur des hommes, par le deſir d'obtenir un honneur ſemblable. Ne regarder que les avantages des autres en faiſant le bien, c'eſt un ſentiment divin; Se regarder un peu ſoy-meſme, eſt un ſentiment moins noble, mais qui ne laiſſe pas d'eſtre loüable. Il n'eſt pas deffendu d'aſpirer aux Prix que l'on propoſe aux vertueux. Il n'eſt pas deffendu de vouloir remporter la victoire, afin d'eſtre couronné. Apres que les Legiſlateurs ont raiſonné pour persuader la vertu, ils ont trouvé de la resistance dans le cœur des hommes ; Ils ont trouvé des Esprits qui se sont effrayez des difficultez, où les grands desseins nous portent. Il a fallu se servir de quelque autre moyen plus touchant que leurs Paroles ; C'est la Recompense, Ce sont les grands Establissemens, les Titres honorables, les Entrées magnifiques, les Pensions du Public, les Statuës, & les Arcs de Triomphe. Sans cela tout cet appareil ne seroit qu'un ouvrage de Vanité & d'Orgueil. Mais le bon effet que produisent ces glorieuses inventions, en entretenant une vertueuse jalousie dans l'esprit des hom-

DISCOURS 2.

DIS-COVRS 2.

mes, eſt cauſe que les Nations les plus ſages en ont approuvé l'Inſtitution. C'eſt la raiſon pour laquelle les Grecs faiſoient tant d'honneur à ceux qui remportoient le Prix aux Jeux Olympiques; Qu'on renverſoit les murailles des Villes pour les y recevoir, Qu'on les reveſtoit de Pourpre, Qu'on les nourriſſoit aux deſpens du Public, Qu'on leur eſlevoit des Statuës, Qu'on marquoit les Années de leurs Noms, afin de donner courage à toute la Jeuneſſe, de s'exercer à l'addreſſe Corporelle. C'eſt auſſi pour cela, que les Romains punirent d'exil, un General d'Armée, qui refuſa le Triomphe au retour d'une Victoire, & quel-

Honneurs qu'on rendoit aux vainqueurs des Ieux Olympiques.

Vn General de l'Armée Romaine puny d'exil pour avoir refusé le Triomphe.

ques-uns ont, creu qu'on n'avoit usé de cette rigueur envers luy, qu'à cause que ce mespris insolent des honneurs publics alloit à l'aneantissement de la Vertu. Les Consuls, & les autres Officiers du Peuple Romain, qui avoient gagné des Batailles, faisoient attacher les Armes des Vaincus, aux portes de leurs Maisons; & quand la Maison se vendoit & passoit dans une autre Famille, il estoit deffendu au nouveau Maistre d'abbattre les Trophées du premier possesseur. Il falloit que les Maisons demeurassent tousiours ornées des Enseignes Triomphales, afin que ce dernier venu fust piqué d'une genereuse émula-

DISCOURS 2.

Les Maisons des Triomphateurs ornées de Trophées, qu'il estoit deffendu d'oster.

DISCOVRS 2.

tion, en voyant par force devant ses yeux, la gloire de son Predecesseur, & qu'il eust une honte honorable, de passer tous les jours sous les Trophées d'un autre, sans s'efforcer d'y en adjouster de nouveaux. De-là vient, que les Statuës qui sont exposées en public, sont reputées appartenir à la Ville, & non point aux Particuliers, & aux Successeurs de ceux qu'elles representent; parce que ce sont des moyens dont la Republique se sert, pour exciter à la Vertu, les Hommes, qui naturellement aiment la Preference. Car enfin, qui ne sçait quelle est la puissance de l'Emulation; de cette Douleur honneste de voir un autre

Les Statuës sont au Public.

ἀνδριὰν τῆς πόλεως ἐστίν. *Dion Chrysost.*

Puissance de l'Emulation.

possesseur des honneurs que l'on voudroit bien obtenir par les mesmes voyes. Les Larmes qu'Alexandre versa sur le Sepulchre d'Achille en admirant ses hauts faits d'Armes, & le bon-heur qu'il avoit eu d'obtenir un Chantre de sa vertu aussi illustre qu'Homere. Les Soûpirs que jetta Jule Cæsar devant la Statuë d'Alexandre, en se ressouvenant en quelle jeunesse il avoit gagné tant de Victoires. Ces Larmes, ces Soûpirs, sont des tesmoignages de cette Emulation magnanime, qui a fait de l'un de ces deux grands Personnages, le Conquerant de toute l'Asie, & de l'autre le Fondateur de l'Empire Romain. C'est ce

DISCOURS 2.

DIS-COVRS 2.

ſentiment illuſtre, cet appetit relevé, que la Divinité a ſoufflé dans le cœur de l'Homme, qui eſt la ſource de tout ce qu'il y a de beau & d'excellent. Le deſir de la Gloire l'emporte ſur la crainte du peril & des difficultez. La Couronne qu'on preſente de loin fait franchir les precipices, fait gravir contre les Rochers inacceſſibles, fait paſſer au travers du fer & du feu, & l'eſprit animé par cet objet va quelquefois au delà de ſoy-meſme. C'eſt là le bien veritable & réel, que cauſent toutes ces marques d'honneur, ces Statuës, ces Colonnes Roſtrales, ces Chars de Triomphe.

Cela ſuppoſé, Quand les Romains

DISCOVRS 2.

Les Romains en faisant relever la Colonne Rostrale de C. Duilius, n'ont eu en veuë que l'utilité de leur propre Republique.

Romains chez qui ces ſortes de recompenſes ont eſté fort en uſage, s'en ſont ſervis pour honorer leurs plus illuſtres Citoyens; Quand ils ont voulu par ce moyen entretenir l'amour de la Vertu dans le cœur des hommes, ſe propoſoient-ils autre choſe, que l'avantage de leur propre Republique? Faiſoient-ils ces deſpenſes, pour attirer ſeulement l'admiration des Eſtrangers, ou afin qu'il y euſt plus de probité, & de valeur, dans la Grece, ou dans les Gaules? Quand le Senat fit eſlever la Colonne Roſtrale à C. Duilius, le faiſoit-il pour exhorter le Peuple de Carthage avec qui ils eſtoient en Guerre, à eſtre

DISCOVRS 2. plus brave & plus hardy dans le Combat ? Avoient-ils envie que cet honneur qu'ils rendoient à leur Conſul, hauſſaſt le courage aux Officiers de l'Armée Carthaginoiſe ? Je ne crois pas qu'on l'oſe dire, & cela meſme eſt ridicule à penſer. Le Senat, aſſeurément en cette occaſion, ne ſongeoit qu'au bien ſeul de la Republique. Il n'avoit en veuë que la jeuneſſe Romaine, qui pouvoit parvenir dans les Charges, & qu'il vouloit exciter aux belles actions, en leur faiſant naiſtre l'envie de meriter un ſemblable honneur. Et par conſequent, n'eſtoit-ce pas une neceſſité, que l'Inſcription qui devoit accompagner ce Monument, fust en Langue Romaine, afin que tout le Peuple pust l'entendre, & profiter de cet exemple? Aussi bien, que contenoit cette Inscription de la Colonne de C. Duilius, qu'un narré de sa Victoire Navale remportée sur les Carthaginois; Combien il avoit coulé à fonds de Vaisseaux; combien il en avoit pris, combien il avoit fait de Prisonniers, combien il avoit fait de butin en argent comptant, qui estoient les causes pour lesquelles on luy avoit erigé ce Trophée? Cela ne se mettoit là que pour informer tout le Peuple Romain de la grandeur de cette Victoire; Et peut-on dire que c'eust esté

C'estoit dōc une necessité que l'Inscription fut en Langue Romaine.

DISCOVRS 2.

un bon moyen de l'en instruire, que de la mettre en Grec, qui estoit une Langue que tout le Peuple Romain ne sçavoit pas ? Mais le Grec, pouvoit-on dire, est plus beau, est plus poly que le Latin, a plus de cours dans les Païs Estrangers. Qu'importe, auroit-on respondu, cela est-il mis là pour les Estrangers ? Quand on descrit le détail de cette Victoire, c'est un compte qu'on rend à la Republique de l'Employ de ses forces ; faut-il rendre ce compte en une Langue que tout le Peuple n'entende pas. D'un costé on a dessein de luy faire connoistre le détail de cette Victoire ; D'autre costé on se sert d'un moyen qui luy

Ce qu'on pouvoit dire alors en faveur d'une Inscription Grecque.

en oste la connoissance. Je pense que dans le Senat, on n'auroit pas mal rebuté, celuy qui auroit proposé de faire cette Inscription en Langue Grecque; Je ne sçay si on se seroit contenté de regarder son opinion comme une nouveauté Bizarre; J'aurois peur qu'on ne l'eust traitté de Criminel d'Estat; Qu'on ne l'eust accusé de s'entendre avec les Ennemis, & d'avoir voulu estouffer le fruit de cette Victoire, en ne la voulant pas rendre assez publique. Il en est de mesme de tous les autres Monumens d'honneur que les Romains ont eslevez dans Rome, devant & apres celuy-cy, & dont il y avoit un si grand DIS-COVRS 2.

DISCOVRS 2.

nombre. Pline au mesme endroit, où il nous parle de cette Colonne Rostrale de Duilius, nous marque, qu'on en avoit desja auparavant eslevé deux autres, l'une à C. Menius, qui avoit vaincu les Peuples voisins de Rome, & l'autre à un certain C. Minutius Augurinus Ædile, parce que durant le temps de sa Magistrature, il avoit fait donner le bled à bon marché; Et on voit encore cette Colonne dans les Medailles de la famille Minutia. Je ne doute point qu'il n'y eust des Inscriptions à ces Colonnes; mais pense-t-on qu'elles fussent en Langue Grecque? Il importoit au Peuple que l'on sceust qu'ils reconnoissoient la

Autres colonnes eslevées à l'honneur de quelques citoyens Romains.

Vigilance d'un Magiſtrat de Police, afin que tous ceux qui ſeroient en pareille Charge, priſſent ce meſme ſoin. Cela auroit-il eſté mieux, quand il auroit eſté en Grec? Ou bien eſtoit-il plus avantageux à la Republique, de le faire ſçavoir aux Eſtrangers qui viendroient à Rome, quoy que cela ne les regardaſt point, Que de le faire ſçavoir aux Romains pour qui cela eſtoit fait? Ce choix d'une Langue differente jette de la confuſion dans l'œconomie de ces Ouvrages; Il met de la contrarieté entre le deſſein qu'on a, & le moyen dont on ſe ſert; C'eſt perdre de veuë le but où l'on viſe; C'eſt choiſir un chemin qui ne

DISCOURS 2.

Inconveniens des Inſcriptions en Langue Eſtrangere.

DIS-COVRS 2. conduit pas où l'on desire aller.

Par ce moyen on voit la necessité qu'il y a euë, de mettre dans Rome toutes les Inscriptions de ces Monumens d'honneur en Langue Romaine, & non point en Langue Grecque. Car apres tout, les Inscriptions ne sont point des pieces inutiles en ces sortes de Monumens; Au contraire c'est ce qui les perfectionne, & qui les anime. L'Inscription nous fait connoistre celuy à l'honneur de qui le Monument est eslevé; Elle nous en descouvre la cause; Elle nous explique les Vertus dont le Marbre ny le Bronze ne nous disent rien; Elle donne une voix à toutes ces bouches muettes; Enfin,

Inscriptiõs sont necessaires.

c'eſt elle qui produit le plus grand effet; C'eſt ce qui frappe l'Ame; C'eſt ce qui s'emporte dans la Memoire. Quatre lignes à la Baze d'une Statuë, ou ſur la Phryſe d'un Arc de Triomphe, vallent mieux qu'un grand diſcours, pour réveiller le courage des Spectateurs. Il ſemble que ce ſoit la Vertu meſme qui parle. C'eſt là le fruit qu'il y a à eſperer de ces ſortes d'Edifices. Toutes les autres beautez qui s'y rencontrent, ſont d'un autre genre & d'un ordre inferieur. L'Elegance de la Sculpture, la ſuperbe magnificence des Colomnes, la richeſſe des Materiaux, le Bronze, le Marbre, le Porphyre, toutes ces choſes ſervent DISCOVRS 2.

DISCOVRS 2. d'objet à l'admiration; Mais ce ſont des choſes qu'on peut voir ſans en devenir meilleurs. L'Inſcription ſeule, qui juſtifie le deſſein de l'Ouvrage, peut produire de meilleurs effets, en faiſant voir que c'eſt un hommage qu'on rend à la Vertu Heroïque; Elle peut la faire aymer & la faire ſuivre; Et par conſequent, elle doit eſtre dans la Langue du Pays, afin qu'il n'y ait pas un ſeul Citoyen, qui ne puiſſe profiter de cet Exemple.

Que dans l'Inſcription eſt contenu tout le fruit de ſemblables Monumẽs.

Cela ſe prouve encore manifeſtement par la raiſon des contraires. Il n'y a point de Republique où l'on ne puniſſe les crimes. L'Eſtat ne pourroit pas ſubſiſter ſans cette rigueur, qui pourvoit à la seureté des gens de bien. Cependant, il ne serviroit de rien de faire mourir publiquement un miserable, si on ne faisoit entendre la cause de son supplice. C'est pour cela qu'on la publie à haute voix, & quelquefois mesme dans les cas extraordinaires, on raze la maison du criminel, on grave l'Arrest sur du cuivre, afin de faire avoir horreur des actions, qui ont attiré un chastiment si exemplaire. Or il ne seroit d'aucune utilité, de le publier ou de l'escrire dans une Langue Estrangere, puisque c'est pour l'Instruction du Peuple qu'on veut cõserver cette memoire.

DISCOURS 2.

Il en est donc de mesme

DIS-COVRS 2. des recompenſes Publiques. Ces Inſcriptions qu'on met au pied des Statuës, Qu'eſt-ce autre choſe que la raiſon pourquoy on les a eſlevées ? C'eſt l'Arreſt qui a ordonné cette recompenſe à la Vertu ; Et cela, pour l'Inſtruction du Peuple ; Et partant, Quelle apparence de ſe ſervir en cette rencontre d'une Langue que tout le peuple n'entende pas ? Si les Romains avoient donc choiſi la Langue Grecque, pour employer aux Inſcriptions de ces Monumens d'honneur, qu'ils eſlevoient à Rome, n'auroient-ils pas eſté contre leur veritable deſſein, qui eſtoit d'entretenir l'amour de la Vertu, dans l'eſprit de tous leurs Citoyens ?

Ne se seroient-ils pas desrobez à eux-mesmes la moitié du fruit qu'ils en pouvoient esperer? Il n'y avoit si petit particulier dans Rome, qui ne fust bien-aise de s'imaginer, Que s'il rendoit d'aussi grands services à la Republique, que ce Consul ou ce Præteur, dont il voyoit l'Image, il obtiendroit une mesme gloire. Cette pensée en flattant doucement sa vanité, l'engageoit insensiblement à faire de belles actions, & c'est ce qui rendoit la ville de Rome un Seminaire inespuisable de braves hommes. Quel malheur eust-ce esté pour l'Estat, s'il n'y eust eu que ceux qui entendoient le Grec, qui eussent peu former ces magnanimes

DIS-COVRS 2.

La Republique Romaine estoit ingenieuse pour faire aymer la Vertu.

resolutions ? La Republique Romaine estoit la Mere commune de tous les Citoyens ; Mais une Mere ingenieuse, à se faire aymer de ses Enfans. Le grand nombre de Statuës qu'elle eslevoit de tous costez à ceux qui l'avoient merité, estoient autant de décharges de ses promesses envers ceux-là, & autant de nouveaux engagemens envers les autres. Les Inscriptions estoient comme les termes du Traitté. En marquant les causes de ce payement honorable, elles sembloient porter promesse d'une pareille recompense à ceux qui la meriteroient à l'avenir. Qu'avoit affaire une Langue estrangere dans ce contract d'une Mere avec ses Enfans? Eust-il esté à propos qu'il y en eust eu un seul qui n'eust pas entendu les termes d'un contract, sur la bonne foy duquel il exposoit ses biens & sa vie? En un mot, autant qu'il y avoit de Statuës à Rome, c'estoit autant de bouches ouvertes, qui preschoient l'Amour de la Republique, & qui disoient à chaque Citoyen Romain, DISCOURS 2.

Respice quid moneant leges, quid
Curia Mandet,
Præmia quanta bonos maneant.

Ces exhortations s'addressoient directement & uniquement aux Romains; Et comme elles resultoient de l'Inscri-

DISCOVRS 2.

ption, ne falloit-il pas que ces Inſcriptions fuſſent dans la Langue meſme des Romains, & non point dans une autre Langue, quoy que plus belle, quoy que plus eſtenduë ?

Il ne faut donc point chercher de raiſon plus puiſſante que celle-là, pour avoir obligé ces Peuples à ſe ſervir de leur Langue naturelle, dans les Inſcriptions de tous ces Monumens d'honneur, à l'excluſion de la Langue Grecque. Et c'eſt cette meſme raiſon, qui nous monſtre le chemin que nous devons ſuivre en cette occurrence, & qui ne nous laiſſe pas la liberté d'en prendre un autre. Car qu'on ne nous diſe point que nous ne ſommes plus dans une

Applicatiõ de toutes ces raiſons à l'Arc de Triomphe qui s'eſleve à l'honneur du Roy.

une Republique, pour pretendre tirer en exemple, l'honneur que nous rendons à la Sacrée Majesté de Louys le Grand, & qu'il seroit extravagant de supposer, qu'on voudroit faire naistre l'envie aux particuliers, d'imiter les vertus de ce grand Prince, sous l'esperance d'obtenir une pareille recompense. Il n'y a pas de doute qu'à envisager la chose sous cette veuë, elle ne paroistroit pas soustenable. Mais il y auroit à craindre, que celuy qui feroit une si bizarre objection, ne se fist plus de tort qu'à nous-mesme. En effet, y a-t-il quelqu'un si dépourveu de sens, qui ne connoisse bien, que ces Edifices somptueux,

DIS-COVRS 2.

DIS-COVRS 2.

Que ces ſuperbes Arcs de Triomphe, ſont des honneurs où il n'y a que les Princes Souverains qui puiſſent pretendre; mais pour cela, doivent-ils moins eſtre dans l'Idée generale des ouvrages de cette eſpece? S'enſuit-il que celuy qu'on eſleve maintenant à la gloire du Roy, n'ait pas une relation prochaine & neceſſaire avec la France, qui le determine à eſtre tout François? Eſt-ce donc qu'aujourd'huy il n'y a nul exemple, nulle inſtruction à tirer de cet Ouvrage magnifique, pour tout le Peuple François, parce que le Peuple n'eſt pas de la qualité du Prince? Non, non, tout cela s'y rencontre éminemment, &

Que l'Arc de Triomphe eſt un Monument d'exemple.

comme j'ay dit d'abord que tous ces Monumens glorieux dont nous avons parlé, s'esle-voient pour honorer & pour faire aymer la Vertu, y a-t-il quelqu'un qui se puisse imagi-ner que celuy-cy ne tende pas à mesme fin. On a dit admira-blement autrefois, Que si la Vertu se pouvoit faire voir, sa Beauté luy attireroit l'Amour & l'adoration de tous les hom-mes. Comme donc elle est in-visible, & qu'elle n'a point de corps qu'on puisse peindre, on se sert du visage des Vertueux pour proposer l'Image de la Vertu. Ainsi on honore les portraits d'Achille & d'Ale-xandre, comme les Images de la Valeur. Ceux de Solon ou de

DIS-COVRS 2.

DISCOVRS 2. Socrate, comme les Images de la souveraine Sagesse. Celuy de Lucrece, comme l'idée de la Chasteté; Et cela est si veritable, que toute la Terre garde encore aujourd'huy avec respect, le Portrait d'une jeune femme qui donne à tetter à sa Mere en prison, où l'on vouloit la laisser mourir de faim, pour honorer la Pieté filiale sous la figure de ces mal-heureuses dont on ne sçait pas mesme le nom. Ainsi dans ce grand Monument qu'on esleve au Roy, on me permettra bien de dire, que ce n'est point ce grand Roy seul que l'on honore, c'est la Vertu mesme qui est honorée en la Personne de ce Monarque. Et comme on ne voit point la Valeur, la Prudence, la Bonté, la Magnificence, la Justice, ny l'assemblage de toutes ces grandes qualitez, qui fait une certaine Vertu composée, que l'on appelle la Vertu heroïque; Il me semble qu'en posant la Figure du Roy au haut de cet Arc de Triomphe, c'est l'Image mesme de toutes ces Vertus, que l'on place sur un Throsne digne d'elles. Il me semble que ce grand Prince se perd dans la foule de ces Divines compagnes, Qu'il s'abisme dans cet ocean de Lumiere qui l'environne, & que le nom de Louys n'est plus le nom d'un homme, mais celuy de plusieurs Vertus ensemble.

DISCOVRS 2.

DIS-COVRS 2. Avantages que la France doit eſperer de ce Monument.

Diſons donc maintenant, Penſe-t-on qu'en eſlevant cet Arc de Triomphe, il n'en doive revenir aucun bien à la France ? Il faudroit eſtre furieuſement ſtupide ou malicieux, pour avoir cette penſée. Le bien en eſt trés-évident, & d'autant plus grand, que les perſonnes à qui s'addreſſe cet exemple, ſont incomparablement plus eſlevées que les plus illuſtres Citoyens de la Republique Romaine. Les Roys auſſi bien que les autres hommes, ſouhaittent de laiſſer des Enfans, & une longue ſuitte de Succeſſeurs dans leſquels ils revivent & regnent une ſeconde fois. C'eſt à la Poſterité du Grand

Louys, à qui s'addreſſe cet Exemple; C'eſt à Monſeigneur le Dauphin, ce Prince ſi bien né & d'une ſi grande eſperance, cette ſeconde Colonne de l'Eſtat. C'eſt aux Peuples à qui s'addreſſent les autres Inſtructions, & qui ne ſont pas d'une moindre importance. Et de vray, il me ſemble que je vois ſur le haut de ce fameux Monument, le Genie de la France, qui d'une main monſtrant la Figure du Grand Louys, & de l'autre ſe faiſant faire ſilence, addreſſe ſa voix à ce jeune Prince, & en ſuitte à tout le Peuple, & qu'il dit au premier. Prince, qui avez tiré voſtre origine de ce grand Monarque, voyez à quel degré d'honneur

DIS-COVRS 1.

Introduction du Genie de la France parlant ſur cet Arc de Triomphe.

DIS-COVRS 2. ses grandes actions l'ont esle-vé. Quand vous le voyez Successeur de tant de Roys, Possesseur d'un si florissant Estat, vous pourriez croire, que c'est ce qui luy a fait esle-ver un si magnifique Trophée. Mais ne vous y trompez pas, Prince, ny la splendeur du Sang, ny l'estenduë de la Do-mination, ne rendent point un Monarque digne de cet honneur. C'est un Prix de la Vertu, qui ne se donne qu'à la Vertu; Quand on l'exige par flatterie, il se tourne en honte. Considerez donc, pourquoy vostre glorieux Pere a obtenu cet honneur. C'est pour avoir conquis en Personne dans un Esté, la meilleure partie de la Flandre,

Flandre, & en quinze jours d'Hyver de la meſme Année, toute la Franche-Comté malgré la rigueur de la Saiſon. C'eſt pour avoir rendu cette Province, par une fidelité qui n'a point d'exemple dans noſtre Siecle, & pour l'avoir ſubjuguée une ſeconde fois, avec la meſme facilité qu'il la pouvoit conſerver, lors que ſes Ennemis eurent violé la Paix, qu'il avoit genereuſement accordée aux vœux de toute l'Europe. C'eſt pour avoir porté ſes Armes victorieuſes, juſques ſur les bords les plus reculez de l'Ocean Belgique, où paſſant comme un foudre, qui embraſe & qui conſume tout ce qu'il rencontre, il ne laiſſa DISCOVRS

DIS-COVRS 2. pour Azile aux Vaincus, que la Mer meſme, dont toutes les Eaux eurent peine à arreſter ce feu qui les devoroit. C'eſt pour avoir par ſa Prudence & par ſa Valeur, rendu inutile l'Union de toute l'Europe contre ſa Puiſſance. C'eſt pour avoir en d'autres temps, deffendu l'Allemagne de l'Invaſion des Infideles ; Procuré le Repos à l'Egliſe ; Reformé les deſordres de l'Eſtat en publiant de nouvelles Loix, & en diſtribuant les graces au merite ſeul. Enfin, c'eſt pour avoir reſſuſcité les beaux Arts, reſtably la Navigation ſi neceſſaire à un grand Empire, réveillé l'Induſtrie, banny la Faineantiſe, inſpire à tout le monde l'ardeur de bien faire par ſon Exemple. DISCOVRS 2.

Apres avoir tenu ce diſcours à ce jeune Prince, il me ſemble qu'il nous addreſſe ſa parole, & qu'il nous dit. François qui vivez ſous le Regne de ce Grand Monarque, loüez le Ciel de voſtre heureuſe Deſtinée; Admirez ſes Vertus, Aymez ſa Perſonne ſacrée. Vous habitez le Pays meſme de vos Anceſtres; Mais que voſtre eſtat eſt different du leur, quand le vent des ſeditions les agitoit. Quand le pavé de voſtre fameuſe ville de Paris, rougiſſoit du ſang de ſes Enfans; Quand les diminutions de l'Authorité Royale, ouvroient le champ aux entre-

DIS-COURS 2

prises des Temeraires; Et qu'au lieu de la douceur du Joug d'un Maistre legitime, vous esprouviez l'Avarice & la Cruauté de vingt Usurpateurs. Aujourd'huy vous vivez dans une profonde Paix. La supréme Authorité de ce Prince vous met à couvert des surprises des Estrangers, & de la malice des mauvais Citoyens. Que ne fait-il point pour vous rendre plus heureux, soit en s'exposant luy-mesme aux perils de la guerre pour vous en preserver; soit par son assiduité à la conduite des affaires; soit par sa facilité à recevoir vos plaintes & vos demandes? Vous estes l'Objet de ses soins & de ses veilles, qu'il le soit de voſtre reconnoiſſance & de voſtre Amour. Qu'il eſprouve eternellement de voſtre part, une parfaite obeïſſance, une tendreſſe cordiale, & telle qu'on l'a doit à ces Princes, pour qui l'on a inventé les aymables noms de Delices du Genre Humain, & de Peres du Peuple. Voila ce que le Bon Genie de la France peut dire aujourd'huy; Et je voudrois bien pouvoir faire croire, que ce Diſcours n'eſt point une ſuppoſition chimerique, ny une Invention de l'Art oratoire. C'eſt une ſuitte neceſſaire de ce grand Edifice, & ce que je viens de dire en peu de paroles, & qui ſont paſſées en un inſtant, l'Arc de Triom-

DISCOURS 2.

Que ce Diſcours du Genie de la France n'eſt point une fiction ne- [illegible] de verité.

DISCOVRS 2.

phe le dira eternellement. En effet, dequoy nous entretiendra-t-il, que des grandes actions du Roy, qui ſeront repreſentées en Marbre dans toutes les parties de cet Ouvrage ? Là, on verra ſes travaux militaires ; les Attaques & les priſes des Villes ; les Combats & les rencontres d'Armées ; les Perils où il s'eſt exposé. D'ailleurs, on y verra les ſoins qu'il a pris pour la Reformation de l'Eſtat ; la Punition des Coupables ; l'Eſtabliſſement des nouvelles Loix ; les Audiances données aux Peuples ; Et tous ces grands Tableaux ſeront accompagnez de petites Inſcriptions, pour l'intelligence de chacun en par-

DISCOVRS 2.

ticulier, outre les deux grandes qui ſeront tant à la face du coſté de la Campagne, qu'à celle du coſté de la Ville. Tellement qu'à parler ſans figure, ce ſera un narré eternel de toutes les Vertus de ce Monarque.

L'Arc de Triomphe eſt un Orateur Eternel.

Ce grand Arc de Triomphe ſera un Orateur veritable, plus éloquent que les Orateurs ordinaires, & qui parlera tant que le Marbre ſera durable ; Et ſon diſcours eſtant appuyé ſur des faits certains, & de la verité deſquels on ne doute point, il ne ſçauroit manquer de perſuader, & de produire les deux effets dont nous avons parlé, je veux dire, de porter l'Emulation dans le cœur de ſon Fils, & le reſpect dans ceux de ſes

DIS-COVRS 2.

L'Arc de Triomphe eſt honorable au Peuple François.

Sujets. Ce qui fait voir évidemment, l'utilité qui reſulte de ces ſortes d'Edifices, quand on ne compteroit point encore, l'honneur que ſe fait le Peuple meſme en les eſlevant; puiſqu'il donne à connoiſtre par là, qu'il n'a point veu le merite de ſon Prince ſans en eſtre touché, & qu'il n'a point jouy dans un Silence ingrat, de la felicité que ſes ſoins luy ont procurée. Ce ſont ces conſiderations qui ont fait encore, que les Romains, depuis que leur Republique eut eſté changée en Monarchie, ont conſacré à la gloire de leurs Empereurs, un ſi grand nombre de ces Monumens illuſtres, que dans la ſeule ville de Rome,

Grand nombre d'Arcs de Triomphe dans l'ancienne Rome.

on comptoit jusqu'à 36 Arcs de Triomphe de Marbre, & un hors des portes de la Ville. Le scrupule qu'ils ont fait de laisser sans cette marque d'honneur un bon Prince, est cause qu'ils l'ont quelquefois accordée à de mauvais ou à de mediocres: Et quoy que cet honneur semble reservé aux exploits Militaires, & que ce mot d'Arc de Triomphe porte avec soy l'Idée d'un Combat, & represente les suites d'une Victoire; neantmoins ils n'ont point fait de scrupule, d'en dedier quelques-uns à des Vertus & à des actions Pacifiques. On en esleva deux à Auguste, pour avoir fait reparer le grand chemin depuis Rome

DISCOVRS 2

jusqu'à Rimini. On en esleva un d'une tres-grande magnificence, à l'Empereur Trajan dans Ancone, pour avoir restably le Port de cette Ville. On en esleva un à la Clemence & à la Douceur de l'Empereur Galien; Et le Senat se sentant obligé à la Memoire de Livia, femme d'Auguste, avoit ordonné apres sa mort qu'on luy dresseroit un Arc de Triomphe (dont l'execution fut neantmoins interrompuë par Tibere) Et l'Inscription devoit faire entendre, Que cet „ honneur luy estoit rendu, „ parce qu'elle avoit sauvé la „ vie à plusieurs Senateurs; „ Qu'à d'autres, elle leur avoit „ donné dequoy eslever leurs

Arc de Triomphe eslevé à une Imperatrice.

Dio Cass.

Inscription de l'Arc de Triomphe de Livia.

„ Enfans ; A d'autres dequoy „ marier leurs Filles ; Et quel- „ ques-uns estoient d'avis d'y „ adjouster le surnom de Mere „ de la Patrie, ce qu'ils croy- oient devoir inspirer à toutes les Imperatrices à venir, le de- sir de faire un aussi bon usage de leurs Richesses & de leur Authorité, pour se mettre en estat de meriter les mesmes Eloges que cette Princesse. Il n'y a donc pas de doute, Que ces glorieuses recompenses ont les mesmes suites pour l'avantage des Estats, quand elles sont données aux Princes Souve- rains, que dans les Republi- ques, Quand on decerne aux Citoyens illustres, des hon- neurs proportionez à leurs

DIS- COVRS 2.

DISCOVRS 2.

merites & à leur Naiſſance. Ainſi je voudrois bien pouvoir perſuader, que ce que j'ay dit des avantages que la France doit attendre de ce Monument celebre, n'eſt point une exaggeration ambitieuſe, ny une addreſſe de Rhetorique, mais une naïve expoſition, de la fin de ce grand Ouvrage; Et puiſque les Inſcriptions qui y ſeront miſes doivent contribuer à cette fin, le moyen de douter qu'elles ne doivent eſtre en noſtre Langue, afin d'eſtre entenduës de tous les François? Autrement ils auront des yeux & ne verront pas; Et ces nobles Mouvemens qui doivent naiſtre dans leurs Ames, apres cette veuë, n'y naiſtront

Les Inſcriptions de l'Arc de Triomphe doivent eſtre entenduës de tous les François.

point, parce qu'on y aura laissé une obscurité qui empeschera de les produire. Le Peuple qui est convaincu du merite de son Prince; de sa Prudence, de sa Valeur, de sa Justice, de sa Tendresse, ne trouve rien dans sa liberté naturelle, qui s'oppose à une soûmission si raisonnable. Il obeït aveuglément, comme ceux qui sont dans un Vaisseau, obeïssent au Pilote, parce qu'il connoist mieux qu'eux-mesmes, ce qu'il faut faire pour les conduire heureusement. Il obeït comme le malade au Medecin, qui prend sans repugnance les remedes qu'il luy presente, parce qu'il sçait bien qu'il ne peut restablir ou entretenir sa santé

Plus la Vertu du Prince est connuë, plus l'Estat est heureux

DISCOVRS 2.

que par ſon ſecours; Et c'eſt là le fondement de la Proſperité & de la durée des Eſtats, *Certe id firmiſſimum longe imperium eſt, quo obedientes gaudent.*

Titus-Livius lib. 8

Que l'Arc de Triomphe ne s'éleve point par vaine gloire.

Deffaiſons-nous donc pour une bonne fois, de la penſée que pourroient avoir quelques-uns, Que ce ſoit une pure vaine gloire qui regne dans ce fameux Monument, & qu'il faille affecter d'en concevoir les Inſcriptions en Langue Latine, dans l'imagination qu'on a, que le bruit s'en reſpandra plus facilement parmy les Eſtrangers. Quand on eſleve cet Arc de Triomphe à Sa Majeſté, on a quelque objet plus noble, que ces bruits confus, meslez de veritez & de médisances, que la Renommée a accoustumé de semer dans les entretiens des hommes oysifs, à la naissance de toutes les choses extraordinaires. Cela ne se fait point, afin que toute la Terre en admire l'Architecture ou la dépense; Mais afin que le Fils de ce grand Prince, voyant les Honneurs que la Vertu reçoit en la Personne de son Pere, s'efforce d'en meriter à son tour. Afin que la Posterité Royale en soit plus vertueuse par une loüable Jalousie. Afin que les Peuples ayent plus d'amour & de respect pour ce grand Monarque; Qu'ils reconnoissent plus parfaitement l'obligation indis-

DISCOVRS 2.

Veritable intention de l'Arc de Triomphe.

DIS-COVRS 2. penſable qu'ils ont de luy obeïr pour leur propre bien, & que nos deſcendans achevent de payer les obligations que nous luy avons, par une Admiration continuée dans toute l'Eſtenduë de l'Avenir. Mais ſe figurer aujourd'huy que la fin des honneurs qu'on rend à ce Heros, ſoit de ſervir ſimplement d'entretien aux Nations Eſtrangeres, & de faire parler la Renommée vague & inutile, C'eſt donner une mauvaiſe fin à une bonne Inſtitution; C'eſt ne vouloir pas s'attacher à une Beauté ſolide pour embraſſer un Phantoſme. Auſſi bien, ſurquoy fonder cette grande conſideration qu'on veut avoir en cette rencontre pour les Eſtrangers,

Estrangers, eux qui regardent presque tousiours nos advantages avec chagrin, & qui prennent quelquefois de là occasion d'estre nos Ennemis? Quand il n'y auroit que la France seule au monde, d'Estat habité; Quand tout le reste de la Terre seroit couvert de forests inaccessibles, ou se convertiroit en deserts affreux, la France n'en seroit pas moins obligée d'honorer son Prince qui la gouverne avec tant de bonté & de justice; Elle ne pourroit rien faire davantage, & ne seroit pas excusable si elle faisoit moins. C'est donc en veuë de la France seule, que ce Monument s'esleve, Et apres cela, comment pretendre raisonna- DISCOURS 2.

DISCOVRS 2.

blement, qu'on y puisse employer une Langue que la France n'entende pas ?

La satisfaction du Peuple est une raison pour mettre les Inscriptions en François, fondée en justice.

Adjoustons à toutes ces considerations la satisfaction du Peuple, Mais une satisfaction qu'il a droit de demander, & qui est fondée sur la Justice naturelle. Les Roys gagnent les Batailles ; Mais ils ne les gagnent pas tous seuls. Ils commandent, les autres obeïssent. Ils sont l'Ame & l'Intelligence de leurs Armées, les autres en sont les Bras & les Ressorts. Les Soldats asseurément ont quelque part aux Victoires & aux Conquestes ; Et quoy que ce soit la coustume de toutes les Nations, d'en rapporter la principale gloire aux Princes Souverains, neantmoins ce n'eſt pas leur intention, d'en excluꝛe ceux qui y ont contribué de leur ſang & de leurs fatigues. Auſſi quand les Romains accordoient un Triomphe à leurs Conſuls & à leurs Empereurs, la gloire en rejailliſſoit ſur les Soldats. Ils entroient dans la Ville couronnez de Laurier à la ſuitte de leur General, & il y avoit des Privileges attachez à leur Victoire. Ce grand Arc de Triomphe qui s'eſleve, appartient aſſeurément au Roy ſeul. C'eſt le Prince ſeul qui peut meriter une reconnoiſſance de cette grandeur; Mais on ne doit pas eſtouffer la joye ſecrette qu'auront dans leurs Ames, tous ceux qui l'ont ac-

DISCOVRS 2.

Qu'on ne doit point priver le Peuple de cette ſatisfaction.

DIS-COVRS 2.

compagné dans les glorieuſes Campagnes, qui ſervent de ſujet à ce Triomphe. Il n'y a point de Soldat qui ait eſté au Siege de Tournay ou de l'Iſle; de Dole ou de Maſtrick; Qui ait ſuivy le Roy en Hollande ou dans la Franche-Comté, Qui voyant ces grands EVENEMENS repreſentez en Sculpture, ne diſe dans ſon cœur avec complaiſance; J'eſtois à ce Siege; j'ay ſuivy le Roy à cette Conqueſte Leur oſterons-nous le contentement qu'ils prendront à lire les Inſcriptions de ce grand Trophée; ces Inſcriptions qui ſervent d'AME à cette Machine, & ſans quoy la pluſpart des Spectateurs ne comprendroient rien à ces

DISCOVRS I.

Figures ? Le Soldat qui passe sous l'Arc de Triomphe avec une blesseure honorable au visage, sera-t-il privé du plaisir de reconnoistre le lieu où il l'a receuë ? Quelque jour il y renvoyera ses Enfans estudier son Exemple ; Il leur y fera remarquer les occasions où il s'est trouvé ; Il les encouragera par ce Spectacle ; Et il sera privé de cette satisfaction, & de l'utilité qui en peut naistre, si les Inscriptions sont en une Langue qu'il n'entend point. Car enfin l'on sçait assez, que le Latin est peu en usage parmy les gens de Guerre ; pour une ou deux personnes de Qualité qui le sçavent, il y a des milliers d'Officiers & de Soldats qui

DISCOVRS 2. l'ignorent. Ils ſe donnent trop à l'Action pour vaquer au repos de l'Eſtude. Tel Cavalier ſçait desja battre les Ennemis, qu'un autre de ſon meſme âge n'a pas encore atteint la connoiſſance de la Langue Latine. Tenons donc pour certain, qu'il vaut mieux que cent Eſtrangers ignorent les Inſcriptions de l'Arc de Triomphe, que le moindre des François; parce qu'il eſt fait pour eux & pour eſtre entendu d'eux.

Nouvel expedient proposé par M. l'Abbé de Bourzeis de faire un coſté de l'Arc de Triomphe en Latin, & l'autre en François.

Quant à l'expedient propoſé par mon illuſtre Adverſaire, comme un moyen de concilier toutes choſes, qui ſeroit, d'employer les deux Langues enſemble, le Latin d'un coſté, le François de l'autre, je ne

l'eſtime pas encore ſans diffi- DIS-COVRS 2.
culté, quoy qu'il s'inſinuë d'a-
bord aſſez agreablement. Car
comme l'Arc de Triomphe a
deux faces, l'une exterieure,
qui regarde la Campagne, &
l'autre interieure qui enviſage
la Ville, il pretend qu'à la face
exterieure, on pourroit mettre
une Inſcription Latine, qui
ſe preſenteroit d'abord aux
Eſtrangers, & les inſtruiroit
en entrant, des faits heroïques
de Sa Majeſté, Et à la face interieure, une Inſcription Françoiſe, qui entretiendroit les
Pariſiens & les autres François
en leur propre Langue des
merveilles de leur Roy. Mais
bien loin de nous tirer par là
de tous les Inconveniens, on

Inconveniens de ce nouvel expedient.

DIS-COURS 2. peut dire qu'on nous laiſſe, dans celuy-là meſme que nous voulons éviter. Car il faut conſiderer, que les deux faces de cet Edifice magnifique, eſtant ornées de bas reliefs qui contiendront quelques-unes des grandes actions du Roy, & qui ſeront tous differens d'un coſté & d'autre (puiſque la multitude de ſes faits Heroïques, ſeroit capable d'occuper pluſieurs Arcs de Triomphe, tant s'en faut qu'on ait beſoin de repreſenter deux fois les meſmes choſes pour l'ornement d'un ſeul) Il s'enſuivroit de là, que les François qui n'entendroient point les deux Langues, n'entendroient que la moitié de l'Arc de Triomphe, &

& ne comprendroient rien à l'autre ; ce qui seroit une bizarrerie assez déplaisante : Et comme les exploits militaires occuperoient vray-semblablement la face exterieure, qui est la Principale, puisque c'est de ce costé-là que le Triomphateur a le visage tourné, Il arriveroit encore, que cette partie qui doit estre par preference entenduë de nos braves Soldats, seroit precisément celle qui leur seroit cachée, par l'employ de la Langue Latine ; ce qui nous rejette dans le desordre que nous avons marqué, & qui est de trop grande importance pour estre negligé, puisque c'est leur dérober la joye qui leur appartient, dans

DISCOURS I.

DIS-COVRS 2.

Difference qu'il faut faire entre les Inſcriptions d'un Arc de Triomphe & celles des Medailles.

le Triomphe de leur Prince.

C'eſt pourquoy il faut faire une grande difference, entre ce glorieux Edifice, qui eſt un Monument fixe & immuable, & certains autres petits Monumens portatifs, dont parle auſſi mon illuſtre Adverſaire, qui ſe font à la gloire des grands Roys ; je veux dire des Medailles. Car comme la fin de ces Medailles eſt de ſe reſpandre de tous coſtez, & de publier au dehors les belles actions du Prince, il n'y a point d'inconvenient, que les Inſcriptions qui les accompagnent, empruntent pour ſe faire entendre diverſes Langues, ſoit anciennes, ſoit modernes. Ce ſont des Meſſagers de ſa gloire, qui ſe peuvent mettre en eſtat de converſer avec les Eſtrangers ſans Interprete. C'eſt une Hiſtoire eſcrite en Caracteres d'or, d'argent, & de bronze, qui ſe peut compoſer en plus d'une Langue, & que la petiteſſe de la deſpenſe permet aiſément de multiplier. Mais un Arc de Triomphe, qui eſt unique, qui eſt d'une deſpenſe infinie, qui eſt inſéparablement attaché à un certain lieu, & qui eſt outre cela un Monument d'Inſtruction & d'Exemple, ne peut indubitablement recevoir d'autre Langue, que celle du Pays meſme dont il regarde les avantages. Auſſi bien, a dire la choſe comme elle eſt, c'eſt une chimere DIS-COVRS 2.

DISCOURS 2.

Que l'employ de la Langue Latine en cette Inſcription, n'en donne point l'Intelligence à tous les Eſtrangers.

que de s'imaginer, qu'on donneroit l'Intelligence de ces Inſcriptions à tous les Eſtrangers, en les mettant en Langue Latine. En ce point il en eſt ſans doute des Eſtrangers comme de nous; Pour dix hommes qui l'entendent, il y en a dix mille qui ne l'entendent point, & tant parmy eux que parmy nous, il n'y a que ceux qui s'addonnent aux Sciences qui la ſçachent; Tout le reſte l'ignore, & dans ce reſte il y a de tres-honneſtes gens, & de tres-vaillans hommes. Je ne dis point maintenant, qu'elle eſt encore generalement ignorée, de tous les Peuples qui ſont ſous l'obeïſſance de l'Egliſe Grecque, ſoit en Europe, ſoit

La Langue Latine n'eſt point une Langue univerſelle.

en Asie, lesquels se sont pres-que tous maintenus dans l'usa-ge de la Langue Grecque, quoy que corrompuë, sans parler des autres Eglises Chre-stiennes du Levant chez qui la Langue Chaldaïque ou Syria-que s'est conservée. Il en est de mesme de tout le reste de l'Asie & de toute l'Affrique, où la Langue Latine est fort in-connuë; la verité estant qu'elle n'a cours que dans les Provin-ces de l'Europe, qui sont oc-cupées par les Peuples de la Confession de la Sainte Eglise Romaine, ou de ceux qui s'en sont separez, & encore y est-elle renfermée entre les Eccle-siastiques & les gens de lettres. Ainsi c'est tres-improprement DISCOVRS 2.

DIS-COVRS 2. parler, quand on dit que c'est une Langue Universelle ; Asseurément c'est un titre qui ne luy appartient point, & qu'elle ne pouvoit pas mesme s'attribuer durant son plus grand esclat. Car Pline nous apprenant que les Romains qui trafiquoient dans Dioscurias, ville de la Colchide, sur le Pont-Euxin, estoient obligez de passer par les mains de 130 Interpretes de Langues differentes, ce n'est pas nous donner sujet de croire que la leur fust alors Universelle. Et bien loin qu'elle le soit aujourd'huy, on peut dire avec beaucoup plus de raison, que c'est une Langue tres-particuliere, puis qu'elle n'est cultivée que d'un

La Langue Latine est une Langue tres-particuliere.

tres-petit nõbre de perſonnes choiſies, qui s'en font une eſtude, & qui ne ſont preſque rien à comparaiſon du grand nombre qui l'ignore. Ce qu'on peut penſer de plus avantageux en ſa faveur, C'eſt, qu'il ſe trouve des gens en pluſieurs endroits de l'Europe, qui l'entendent. Mais on en peut dire autant de la Langue Françoiſe, Qu'il ſe trouve en la plus grande partie de l'Europe des gens qui l'entendent. Mais il ne s'en trouve pas tant que de la Latine? Je n'en ſçay rien. Car ſi l'on comptoit tous les François naturels qui entendent la Langue Françoiſe, & tous les Eſtrangers qui l'ont appriſe, dont il y a ſi grand nombre

Vrayſemblablemẽt il y a autant d'hõmes ſur la Terre qui ſçavent le François que le Latin.

DISCOURS 2.

dans l'Allemagne, dans l'Angleterre, dans le Dannemark, dans la Pologne, dans la Suede, & dans tous les Pays du Nord, je doute s'il ne ſe trouveroit point autant d'hommes ſur la Terre qui entendiſſent le François, qu'il s'en trouve qui entendent le Latin. Quoy qu'il en ſoit, un peu plus, un peu moins, ne fait rien à la queſtion, & c'eſt aſſez pour aſſeurer, que la Langue Latine n'eſt point une Langue Univerſelle, & que les Eſtrangers qui viendront à Paris, ou par curioſité ou pour affaire, ne comprendront pas moins les Inſcriptions de l'Arc de Triomphe quand elles ſeront en François, que ſi elles eſtoient en Latin;

puiſqu'il n'eſt pas croyable qu'ils ayent bien le ſoin de ſe faire inſtruire du commun de la Langue Françoiſe, pour demander leurs neceſſitez dans leur auberge, & qu'ils negligent d'en venir juſqu'au point d'entendre ſept ou huit lignes d'un diſcours tres-ſimple, tel que ſera celuy des Inſcriptions; comme ſi le deſir d'apprendre la Langue Françoiſe, ne faiſoit pas un des motifs ordinaires de leurs voyages, auſſi bien que de voir les Villes, les Fleuves, & la face de la Terre.

DIS-COVRS 2.

Il ne faut donc point craindre que l'Inſcription qui ſera en Langue Françoiſe, ſoit moins connuë dans les Pays eſtrangers, ni que la gloire de

DIS-COVRS 2. Sa Majeſté en ſouffre quelque diminution ; Car auſſi bien confeſſons la verité ; La gloire du Roy n'attend pas l'achevement de cet Arc de Triomphe, pour ſe répandre dans l'Univers. Au moment que cette Gloire produit de ſi grands effets ; Qu'elle jette l'allarme dans les Eſtats trop ſoupçonneux ; Qu'elle terraſſe nos ennemis ; Qu'elle ſouſtient nos Alliez. Au temps, dis-je, que cette Gloire eſt ſi vive & ſi agiſſante, pourrions-nous bien nous laiſſer perſuader, que le choix d'une Langue ou de l'autre, puſt luy faire quelque prejudice. Pour moy je croirois commettre un crime que d'avoir cette penſée ; Et l'Arc de Triomphe pourroit eſtre encore dans le ſouhait des François ; Il pourroit eſtre encore dans l'idée du celebre Architecte qui l'a conceu, que le Nom du Grand Louys n'en ſeroit pas moins éclatant. Il y va donc plus de la gloire de la France, que de celle de Sa Majeſté, à maintenir les droits de noſtre Langue en cette rencontre, puis qu'outre les raiſons que nous avons alleguées ſur ce ſujet, il y en a encore une toute d'Honneur, & à laquelle on ne peut pas n'avoir point d'eſgard ſans offenſer la Grandeur & la Puiſſance de l'Eſtat. En effet, peut-il eſtre honeſte à une Nation auſſi noble

Il eſt de la gloire de la Nation de mettre l'Inſcription en noſtre Langue.

& auſſi fameuſe que la Françoiſe, de renoncer publiquement à l'uſage de ſa propre Langue en faveur d'une autre, veu qu'on a tousjours conſideré comme une marque de ſouveraineté, dans les grandes Affaires, dans les Traittez de Paix, dans les Traittez d'Alliance, de ſe ſervir de la Langue de ſon Pays. Cette delicateſſe fait une partie de la Jalouſie des grands Eſtats, et l'on n'y trouve point d'autre accommodement, ſinon, que chacun fait expedier les Articles du Traitté en ſa propre Langue, afin que ce qui doit eſtre executé par les deux Nations, ne s'introduiſe ny chez l'une ny chez l'autre, comme une

Se ſervir de ſa Langue propre, eſt une marque d'authorité.

Loy donnée par les Estrangers, mais comme une resolution de la Patrie.

DISCOVRS 2.

Exemple de l'amour de sa Langue naturelle.

Nous avons un Exemple tres-ancien dans l'Histoire Sainte, de cet amour de la Langue naturelle. Quand Jacob se retira avec ses femmes de la Maison de son Beau-pere Laban, d'une maniere qui sentoit la fuite, l'Escriture remarque, que Laban qui en fut irrité, le poursuivit avec main forte, Et que l'ayant joint, les choses neantmoins se pacifierent entr'eux, & qu'ils esleverent d'un commun accord un Monument de leur reconciliation, auquel chacun d'eux donna un nom en sa Langue, *Vterque juxta proprietatem Linguæ suæ*, dit la

DISCOVRS 2 vulgate. On eſtoit desja jaloux de ne ſe point ſervir de la Langue d'un autre. Car on ne peut pas dire que Jacob n'entendiſt pas la Langue de Laban, puiſqu'il avoit eſté vingt ans auprés de luy, dans une grande ſoûmiſſion, & qu'il avoit eſpouſé ſes Filles; MAIS en reprenant l'uſage de ſa Langue naturelle, il faiſoit une action d'indépendance; Il achevoit ce qu'il avoit commencé par ſon EVASION; Il rentroit en pleine poſſeſſion de ſa liberté. Il eſt vray que dans le texte Hebreu ni dans la verſion des Septante, ces mots, *Vterque juxta proprietatem Linguæ ſuæ*, ne s'y trouvent point, MAIS la choſe y eſt toute entiere; L'Eſcriture rapportant les noms mesmes en Syriaque & en Hebreu, qu'ils donnerent à ce Monument, & qui vray-semblablement luy servirent d Inscription, afin qu'il fust reconnoissable à la Posterité.

DISCOVRS 2.

Aussi sans parler davantage ny des Romains ny des Grecs, qui ont assez declaré par leur façon d'agir, ce qu'ils ont pensé sur ce sujet, on auroit peine à trouver un Peuple celebre, qui dans les Monumens publics ait employé une autre Langue que la sienne.

Exemples de divers Roys & Peuples qui se sont servis de leur propre Langue dãs les Monumens publics.

Diodore Sicilien nous apprend, que Sesoosis Roy d'Egypte, qu'Herodote & Strabon appellent Sesostris, apres avoir subjugué la plus grande

Monumens de Sesostris Roy d'Egypte.

DIS-COVRS 2. partie de la Terre habitable ; fit eslever en plusieurs endroits des Monumens de ses Conquestes, avec des Inscriptions en Langue Egyptienne, à peu prés de cette sorte, *SESOOSIS ROY DES ROYS ET SEIGNEVR DES SEIGNEVRS, A DOMPTE' CE PAYS-CY PAR LA FORCE DE SES ARMES*. Herodote dit qu'il avoit veu un de ces Monumens dans la Palestine, & qu'il y en avoit deux autres en Ionie, l'un sur le chemin qui conduit d'Ephese à Phocée, l'autre sur le chemin de Sardes à Smyrne ; Et Strabon nous asseure, qu'il s'en voyoit encore un dans le fonds de l'Æthiopie, proche

Strab. l.16.

proche de l'Embouchure du Golfe Arabique, où il dit pareillement que l'Inscription estoit en Langue Ægyptienne; Ce qui est d'autant plus considerable, que ces Trophées estant eslevez dans les Pays vaincus, il semble que ce Conquerant auroit deu y mettre des Inscriptions en la Langue de chaque Nation, pour arriver plustost à la fin mesme qu'il s'estoit proposée, s'il n'eust creu qu'un grand Monarque comme luy, devoit par tout associer sa Langue naturelle à l'honneur de ses Victoires.

DISCOVRS I.

Nous lisons dans Procope au second Livre de l'Histoire des Vandales, que les Phoeniciens qui s'enfuirent de leur

Monumēt des Phoeniciens en Affrique.

DISCOVRS 2. Pays, lors que l'Armée des Israëlites y entra sous la conduite de Josué, se retirerent en partie sur les costes d'Afrique aux environs de Tingis, que nous appellons maintenant Tanger, où ils esleverent deux Colonnes de Marbre blanc, sur lesquelles ils mirent une Inscription qui contenoit en peu de mots l'Histoire de leur mal-heur. Ces Colonnes estoient encore sur pied du temps de Procope, qui escrivoit sous le Regne de Justinien, & il remarque expressément, Que l'Inscription estoit en Langue Phœnicienne, & que le sens en estoit tel, *NOVS SOMMES CEVX QVI SE SONT SAVVEZ*

DEVANT LA FACE DE L'USURPATEUR JOSUE', FILS DE NAVE'.

DISCOURS 2.

Il semble que ce fust une espece de consolation à ces malheureux de voir encore la Langue de leur pays sur un Edifice public & durable : Car il n'y a pas de doute qu'en escrivant la mesme chose dans la Langue du pays où ils estoient refugiez, c'eust esté un moyen plus asseuré pour attirer sur eux la compassion des Peuples.

Monument de Sardanapale.

Strabon en parlant de quelque Monument eslevé en l'honneur de Sardanapale, qui fut le dernier des Roys d'Assyrie, pour avoir basty en un mesme jour deux Villes celebres de Cilicie, Anchiale, &

DIS-COVRS 2. Tarſe, remarque auſſi que l'Inſcription eſtoit en Langue Aſſyrienne.

Monument de Maſiniſſa Roy de Numidie.

Le General de l'Armée Navale de Maſiniſſa, Roy de Numidie, eſtant abordé à Malthe, enleva du Temple de Junon des dents d'Elefant d'une grandeur extraordinaire, pour en faire preſent au Roy; Mais quand il ſceut d'où elles venoient, il les renvoya au meſme Temple, apres avoir fait graver deſſus une Inſcription, pour faire connoiſtre l'accident qui les avoit fait tomber entre ſes mains, & le ſoin qu'il avoit eu de les rendre à la Déeſſe. Ciceron qui nous apprend cette Hiſtoire ne manque pas d'obſerver, que Maſi-

Verrina 6

nissa fit mettre cette Inscription en Langue Punique, qui estoit la sienne, *Inscriptum literis Punicis fuit*, sans se soucier si elle auroit fait plus de bruit dans le Monde, en la mettant en Langue Grecque, qui constamment estoit alors la plus commune dans toute la Mer Mediteranée, & qui sans doute s'est parlée à Malthe, comme il est aisé de le conjecturer par les Monnoyes de cette Isle, où l'on voit d'un costé une teste de Ceres couronnée d'Espys, & au revers un Cheval, avec cette Inscription Grecque Μελιταίων. Tant il est vray que les Roys & les Nations, ont tousiours affecté d'employer leur Lan-

DISCOURS 2.

DISCOVRS 2.

gue naturelle, dans les Inscriptions de leurs Monumens Historiques, n'y ayant gueres d'occasion où l'on doive moins admettre l'usage des Estrangeres.

Monsieur l'Abbé de Bourzeis pretend que la Langue Latine n'est point Estrangere en France.

Enfin je vois que mon illustre Adversaire mesme, ne soustient son opinion touchant la Langue Latine, que parce qu'il pretend qu'elle est en quelque façon nostre propre Langue, & qu'elle ne doit point estre considerée en France comme une Langue Estrangere; Et c'est ce que nous avons maintenant à examiner contre luy; puis qu'autrement il pourroit demeurer d'accord de tout ce que nous avons dit, & ne laisser pas de conclure en faveur de cette Langue celebre, a qui d'ailleurs nous ne pretendons point disputer, ni la splendeur de son origine, ni la dignité de ses Employs. Ce n'est donc pas que nous manquions de respect pour la Langue Latine, lors que nous nous deffendons de l'employer en cette occasion. Laissons-luy toute l'estenduë de sa gloire, & prononçons Anatheme, si l'on veut, contre ceux qui auroient dessein de la deposseder du Ministere des Autels, & qui pretendroient luy preferer les Langues Vulgaires pour le culte de la Religion. Ce n'est pas que nous ne la reconnoissions pour la source de la nostre; Ce n'est

DISCOVRS 2.

Que nostre opinion ne va point à diminuer le credit de la Langue Latine.

DISCOVRS 2.

pas que nous ne luy cedions le droict d'aiſneſſe ; Mais c'eſt qu'elle n'eſt pas entenduë de tout le Peuple, & qu'elle eſt eſtrangere en France. Je dis qu'elle eſt Eſtrangere, bien que mon illuſtre Adverſaire pretende, que rien ne ſoit moins veritable que cette opinion.

Que la Langue Latine eſt eſtrangere en France.

La Langue Latine, dit-il, *peut-elle paſſer pour Eſtrangere en France? Le Roy Tres-Chreſtien voudroit-il bien regarder comme barbare & eſtrangere la Langue de l'Egliſe, celle de ſa Sainte & Divine Mere? Le langage de nos Autels, de nos Paſteurs dans leurs Sacrifices, de nos Conciles dans leurs Canons, de nos Souverains Pontifes dans leurs Decrets Apoſtoliques, de nos Anciens*

ciens Princes dans leurs Ordonnances, soit Ecclesiastiques ou Civiles, ne sera plus qu'un langage Estranger, une parole sauvage & inconnuë, un Barbarisme parmy nous? Dieu nous le pardonne s'il nous arrivoit de nous mettre dans l'esprit une pensée aussi peu juste, & j'ose dire aussi peu Chrestienne que celle-là. Un Argument poussé de cette force merite bien qu'on ne le laisse pas sans replique. Les consequences en sont trop importantes, & si tout le Monde estoit de cette opinion, & que je persistasse tousiours dans la mienne, je ne sçay si l'on me pourroit sauver de l'Excommunication. Cependant, puisque cela n'est pas encore si

DISCOURS

DIS-COVRS 2.

avancé, & que j'en puis parler en liberté, il eſt aiſé de faire voir l'injuſtice qu'õ me feroit; car ma condamnation ne ſeroit fondée que ſur un Equivoque, ou ſur une diſpute du nom, qui ne meriteroit pas qu'on m'accuſaſt d'avoir des penſées ſi criminelles. Dieu me garde ſelon que le deſire mon illuſtre Adverſaire, de croire que la langue Latine qui a tant de tiltres de Nobleſſe, ſoit une Langue barbare. Je ne l'ay jamais penſé; moins encore l'ay-je dit. Mais enfin c'eſt une Langue que nos Peuples ne parlent point, & qui leur eſt inconnuë, s'ils ne l'apprennent par artifice; & par conſequent, c'eſt une Langue qui leur eſt

Comment il faut entendre que la Langue Latine eſt Eſtrangere France.

estrangere. La Françoise est estrangere en Allemagne. L'Allemande est estrangere en France, parce qu'un Allemand qui ne sçait que sa Langue naturelle n'entend point la Françoise; & le François de mesme n'entend point l'Allemande. Si on conclut de là que la Langue Allemande est barbare, c'est trop dire; ou bien il faut dire, que la Françoise est barbare à l'Alleman, & l'Allemande est barbare au François. Mon illustre Adversaire qui entend Saint Paul bien mieux que moy, advoüera que cela est ainsi decidé par ce grand Apostre, qui ayant le don des Langues, sçavoit bien en connoistre les differences. *Si nes-*

DIS-COVRS 2.

DISCOVRS. *ciero*, dit-il, *virtutem vocis ero ei cui loquor barbarus, & qui loquitur mihi barbarus.* Si je n'entends point la ſignification des paroles, je ſeray Barbare & Eſtranger à celuy a qui je parle, & celuy qui me parle paſſera pour Barbare auprés de moy. Et Ovide en parlant des Getes, qui n'entendoient point le Latin, qui eſtoit la Langue de ce fameux Exilé, dit qu'il paſſoit pour barbare auprés d'eux.

1. Corint.

Barbarus hîc ego ſum, quia non intelligor vlli.

Et de vray, à dire les choſes comme elles ſont, tous les hommes parlent une meſme parole intellectuelle, il n'y a de la difference qu'à la parole labiale. Les paſſions produiſent dans

leur esprit les mesmes pensées. DISCOURS 2.
L'Amour, la Haine, la Colere, le desir de Vengeance, tout cela se conçoit de la mesme façon chez tous les Peuples; Mais pour exprimer ces Mouvemens, tous ne se servent pas des mesmes signes; Je veux dire des mesmes paroles, qui sont les signes de ce que l'esprit a conceu. Toutes les Nations ont ces signes & ces termes differens, & comme ils sont inconnus les uns aux autres, c'est ce que l'on appelle Estranger & Barbare. Ainsi le Grec estoit une langue estrangere à Rome. *Verba*, dit Quintilien, *aut Romana, aut Peregrina*; Et sous ce dernier membre, il com-

Les Hommes pensent tous de la mesme maniere.

Le Grec estoit estranger à Rome.

DIS-COVRS 2 prend manifeſtement le Grec. *Sed hæc diviſio mea, ad Græcum ſermonem pertinet.* Et cependant, la Ville de Rome eſtoit fondée par les Grecs, & miſe au rang des Villes Grecques par Denys d'Halicarnaſſe, & la moitié de la langue Romaine eſtoit Grecque. Et ce n'eſt qu'en ce ſens, que mon illuſtre Adverſaire peut avoir appellé la langue Grecque *une Langue barbare, à l'égard des Romains*, parce que naturellement ils ne l'entendoient pas; car autrement ce ſeroit un eſtrange abus du mot de Barbare, que de l'attribuer aux Grecs, eux qui n'avoient inventé ce meſme mot, que pour ſervir de diſtinction enſtreux & tous les autres Peuples, ce qui eſtoit d'un vſage ſi receu, que Plaute en parlant d'une Comedie qu'il avoit traduite de Grec en Latin, ne craignit point de dire à la veuë de tout le peuple Romain, qu'il l'avoit traduite en Langue Barbare, DISCOVRS 2.

Demophilus ſcripſit Marcus vertit Barbare.

Ainſi la Langue de nos premiers François nous eſt eſtrangere, parce qu'elle nous eſt inconnuë. Et certes les mots ne doivent pas avoir plus de privilege que les hommes meſmes; Nous ſommes tous deſcendus des meſmes Anceſtres; Tous les Juifs eſtoient viſiblement ſortis d'un meſme hom-

DIS-COVRS 2. me. Cependant, quand les parentez, & les affinitez ſont ſi fort eſloignées, on commence à ne ſe plus connoiſtre; On devient ſelon la façon commune de parler, Eſtranger l'un à l'autre. Cela ſe dit ainſi tous les jours; On oppoſe le mot de Parent à celuy d'Eſtranger. Il vaut mieux aſſiſter dans le beſoin ſes Parens que les Eſtrangers; c'eſt ainſi qu'on parle. Quand donc une Langue en engendre d'autres, & que les filles s'eſloignent tellement de leur Mere, que le Peuple ne connoiſt plus cette Parenté ſpirituelle, alors cette ancienne Langue devient eſtrangere aux nouvelles; & c'eſt de la façon qu'il faut entendre, que la langue Latine eſt Eſtrange-re aujourd'huy en France. Il y a des termes dont nous nous ſervons tous les jours, qui ti-rent leur extraction de la lan-gue Latine; Mais cette Genea-logie eſt inconnuë au Peuple, qui ne ſçait que le François, C'eſt une parenté qui s'eſt per-duë par l'eſloignement. DIS-COVRS 2.

Ainſi quand mon illuſtre Adverſaire dit, *Que les Fran-çois qui parlent la Langue La-tine, parlent leur Langue ve-ritable, en reformant ce que les années y ont apporté d'altera-tion, & en la ramenant à la pureté de ſon origine*; c'eſt une adreſſe de cette ſubtile Elo-quence dont il abonde, qui tourne les matieres à ſon gré,

DISCOVRS 2.

& qui ne manque point de couleurs eſbloüiſſantes, quand les ſujets qu'il traitte ne luy fourniſſent rien de meilleur. Il en eſt de meſme de ce qu'il adjouſte, *Que le Roy doit ſe regarder comme Succeſſeur des Cæſars, & des Empereurs, & qu'il ne peut mieux prouver la part qu'il a dans la Succeſſion de leur Empire, qu'en retenant celle de leur Langue.* Car je ne ſçay s'il ſeroit glorieux à Sa Majeſté d'eſtre deſcendu des Empereurs Romains, ces Tyrans de leur Patrie, ces Deſtructeurs de la Liberté de l'Univers; Mais je ſçay bien que ceux qui ont traitté de l'Origine de noſtre Nation, nous apprennent que les Anceſtres de Sa Ma-

Les Roys de France ne ſont point ſucceſſeurs des Cæſars.

jeſté, qui eſtoient les Anciens Roys des François, eſtant ſortis d'Allemagne, d'où ils eſtoient originaires, vinrent attaquer les Romains dans les Gaules, & qu'aprés une guerre de plus de deux cens ans, ils les chaſſerent enfin de ce païs dont ils avoient opprimé la liberté. Tellement que si l'on veut faire paſſer les Princes François pour Succeſſeurs des Romains, ce ſera comme Cyrus eſtoit Succeſſeur des Babyloniens; comme Alexandre eſtoit Succeſſeur des Perſes; comme les Romains eſtoient Succeſſeurs des deſcendans d'Alexandre; en un mot, comme un Conquerant eſt Succeſſeur de celuy qu'il de- DISCOURS I.

DISCOVRS 2. poſſede, ou pluſtoſt comme le Liberateur d'un païs, ſuccede aux Tyrans qu'il en a chaſſez. C'eſt pourquoy, puiſque on demeure d'accord, que l'Introduction de la langue Latine dans les Provinces conquiſes, eſtoit un des moyens dont ſe ſervoient les Romains pour aſſeurer leurs Uſurpations, il me ſemble, qu'aprés nous eſtre délivrez depuis douze cens ans, par la valeur des Anceſtres de Sa Majeſté, de l'oppreſſion de ces Empereurs, ou pour mieux dire, de ces Legions licencieuſes, qui pour piller impunément les Provinces, ſe revoltoient ſi ſouvent contre leurs Souverains, & donnoient le Nom d'Auguſte a de ſimples

DISCOVRS 2.

Officiers, afin de les engager à tolerer leurs insolences par la societé de leurs crimes ; Il me semble, dis-je, qu'aprés l'aneantissement de cette puissance qui nous a esté autrefois si onereuse, nous aurions tort de garder encore les marques de nostre servitude ancienne & presque oubliée, dans la rigoureuse observation d'une Langue que les Gaulois n'ont connuë que pour leur malheur.

La Langue Latine sanctifiée par la Religion.

Il est vray que depuis ce temps-là, cette Langue s'est sanctifiée par le commerce des choses sacrées, & par l'usage qui en est demeuré dans la Sainte Eglise Catholique; Mais comme nous ne traittons point cette Question sur les matie-

DIS-COVRS 2. res de Religion, qui feroient changer de face à ce diſcours, mais purement pour les affaires du Monde, demeurons-en à la raiſon premiere & naturelle que nous avons eſtablie, & qui veut que l'Inſcription d'un Arc de Triomphe, eſlevé à la gloire d'un Roy de France, ſoit en langue Françoiſe, pour eſtre intelligible à tous les François. Car ſi c'eſtoit une neceſſité indiſpenſable, de preferer touſiours les Langues les plus anciennes aux nouvelles, les Meres aux filles, & laiſſer les premieres en poſſeſſion de tous les avantages qu'elles peuvent s'eſtre acquis avant les autres, toute l'Egliſe Catholique qui a choiſi la langue

Romaine pour le ſervice des Autels, auroit deû s'en tenir à l'uſage de la langue Grecque; puiſqu'il eſt conſtant, que c'eſt la premiere Langue du Chriſtianiſme, & qu'à dire les choſes non par exaggeration, mais au pied de la lettre, C'eſt celle dont s'eſt ſervy le Saint Eſprit pour nous reveler la Loy de Grace ; C'eſt elle qui eſt la depoſitaire de l'Original des Saints Evangiles ; C'eſt dans cette Langue que le Prince des Apoſtres , que le grand Saint Paul , que le Diſciple bien aimé ont eſcrit ; Enfin, c'eſt en cette Langue que noſtre Religion a exercé ſes premiers Myſteres , & que le nom illuſtre de Chreſtiens

La Langue Grecque eſt la premiere Langue du Chriſtianiſme.

DIS-COVRS 2.

que nous portons, a eſté impoſé à l'Aſſemblée des Fideles. Cependant, nonobſtant toutes ces conſiderations, la langue Latine qui eſtoit la Langue vulgaire de la ville de Rome, où Saint Pierre avoit fixé le Siege de l'Egliſe, a prevalu ſur la Grecque dans l'exercice meſme de la Religion; Et toutes ces raiſons de bien-ſeance & de pieté, dont on ſe veut faire maintenant une Loy dans une affaire purement ſeculiere, ne firent rien conclure alors en faveur de la Langue Grecque.

Reſponſe à l'objection que la Langue Latine eſt celle des Ordonnances de nos anciẽs Roys, & celle qu'on employe encore dãs les Monnoyes.

Ainſi, c'eſt en vain qu'on nous dit preſentemẽt, *Que la Langue Latine a eſté autrefois celle dont nos Roys ſe ſont ſervis dans leurs Ordon-*

Ordonnances, & dont ils se servent encore dans leurs Monnoyes d'Or & d'Argent; Car bien que cela ait esté de la sorte à l'esgard des Ordonnances, il est vray aussi que cela a cessé d'estre, par des raisons que personne n'ignore. Nos Roys s'expliquẽt depuis long-temps dans la Langue de leur Royaume, & on ne rencontre plus ce fascheux obstacle qui devoit estre, entre la Volonté du Prince & l'Obeïssance du Peuple, lors que le Prince commandoit en des termes que le Peuple n'entendoit pas. Il faut que le Legislateur soit clair sur toutes choses, autrement on pourroit estre des-obeïssant sans estre coupable. Parlons DISCOVRS 2.

DIS-COVRS I. donc ſi l'on veut de ces Siecles moins heureux que le noſtre, où la langue Latine occupoit la Chancellerie Royale & les Tribunaux de la Juſtice, & expoſoit aſſez ſouvent la credulité des Peuples à la malignité des Interpretes; Mais donnons-nous bien de garde de paroiſtre faſchez d'un changement ſi avantageux, & n'empeſchons pas que noſtre Langue n'entre par tout en poſſeſſion de l'honneur que nos Roys luy ont fait en la recevant dans les fonctions de l'Authorité ſupréme, dans l'Inſcription de leurs Sceaux, dans les Arreſts des Parlemens, dans les Traittez de Paix, & dans les Actes les plus importans entre les particuliers. Et puis qu'aujourd'huy Sa Majesté n'a point creu devoir reformer un reglement si salutaire, qu'au contraire elle le fait observer inviolablement, & qu'elle cherit assez la Langue Françoise, pour avoir bien voulu se dire PROTECTEUR d'une Compagnie, qui fait sa principale occupation de la polir & de l'enrichir, seroit-ce honorer ce grand Monarque d'une maniere qui luy deust estre agreable, que de luy presenter nos homages dans une autre Langue que celle-là ? DISCOURS 2.

Qu'on ne nous objecte donc point l'ancien usage de la langue Latine dans ce Royaume, veu que cet usage est aboly; Et

DISCOVRS 2.

L'Inſcription du ſceau du Roy eſt françoiſe.

s'il s'eſt conſervé dans nos Monnoyes, ce n'eſt pas qu'il ſoit plus glorieux au Roy d'y mettre ſon nom en Latin qu'en François ; Car puiſqu'on a bien changé l'Inſcription du Sceau Royal qui autrefois eſtoit Latine & maintenant eſt Françoiſe, & où le Roy eſtant repreſenté dans toute la Majeſté d'un Souverain aſſis ſur ſon Throſne, on lit ces mots autour de ſon Image Sacrée, *LOVIS XIIII. PAR LA GRACE DE DIEV ROY DE FRANCE ET DE NAVARRE*, Il y a bien de l'apparence, que le meſme changement auroit paſſé dans les Monnoyes (puis qu'indubitablement l'empreinte du

Sceau Royal est plus auguste & de plus grande consequence que celle des Monnoyes, quoy que tres-considerable aussi) s'il n'y avoit eu quelque raison particuliere pour ne pas estendre ce changement jusques-là. Et pour moy je suis persuadé que c'est un effet de la veneration que nos Roys ont euë pour les Paroles du texte Sacré, qu'ils font graver sur leur Monnoye, & qu'ils n'ont point voulu traduire en leur Langue, mais les employer tousjours dans la Langue mesme que l'on lit l'Escriture Sainte dans toutes nos Eglises. D'autant plus qu'au temps où les Novateurs commencerent à troubler le repos de l'Eglise,

DISCOURS 2.

Raison pourquoy l'Inscription des Monnoyes est Latine.

DISCOVRS 2. les versions des saints livres en Langue vulgaire, exciterent de tres-grandes disputes, & servirent presque de distinction entre les Protestans & les Catholiques. Ainsi ce verset des Pseaumes, *SIT NOMEN DOMINI BENEDICTVM*, qui se met sur la Monnoye d'argent, & ces paroles *CHRISTVS VINCIT, CHRISTVS REGNAT, CHRISTVS IMPERAT*, qui se mettent sur la Monnoye d'or, & qui en occupent un des costez, sont cause que le nom du Prince qui est de l'autre costé, est demeuré en langue Latine, pour ne point faire un meslange bizarre de Latin & de François , comme il se rencontre en quelques Medailles Romaines , où il y a du Grec & du Latin , ce qui n'est pas de fort bon goust. Je sçay bien qu'on me pourra dire que ces mots *Christus vincit*, *Christus Regnat*, *Christus Jmperat*, ne sont point du Texte sacré ; Il est vray que ce n'est point un passage unique, mais c'est un assemblage de trois endroits celebres de l'Escriture Sainte , où cette puissance de Vaincre , de Regner, & de Commander absolument , est attribuée à Jesus-Christ. *CHRISTVS VINCIT* est tiré de ces paroles de Saint Jean, où le Sauveur estant prest de quitter ses Apostres , leur dit pour les consoler,

DISCOVRS 2. *Confidite ego* VICI *Mundum*. CHRISTVS REGNAT vient de cet endroit de l'Apocalypse. *Factum est regnum hujus Mundi, Domini nostri & Christi ejus, &* REGNABIT *in sæcula sæculorũ*. Et CHRISTVS IMPERAT s'est visiblement détaché de ces mots de l'Evangile de S. Luc qui sont dits de Jesus-Christ, *Quis putas hic est quia & Ventis & Mari* IMPERAT. A propos dequoi on peut remarquer en passant, que depuis un certain temps, les Maistres de la Monnoye n'ont pas conservé exactement cette ancienne Inscription; Car outre qu'ils ont supprimé la repetition du sacré Nom de CHRISTVS, ils ont encore

core renversé l'ordre des paroles en escrivant, *CHRISTUS REGNAT VINCIT ET IMPERAT*, & cela a commencé environ le Regne de Charles IX. au lieu qu'auparavant le mot *Vincit* estoit tousjours le premier ; ce qui est mieux asseurément, puisque la Victoire precede l'Establissement du Regne, & que cet Empire absolu sur toutes les Creatures, est une suitte de la grandeur incontestée de ce Regne. Et nous avons des monnoyes Françoises dés le temps de Philippe Auguste, avec ces paroles & dans le mesme ordre qui a tousjours esté observé sous ses Successeurs, où d'un costé ils sont repre-

DISCOURS 2. sentez en habit Royal avec leur nom autour, & de l'autre costé une Croix, avec ces mots *Christus vincit, Christus regnat, Christus Imperat.* Quelquefois au lieu de leur Image, ils ont mis la figure d'un Aigneau portant une Croix, qui est un Symbole du Sauveur du Monde, avec ces mots, *Agnus Dei qui tollis peccata mundi, miserere nobis.* Et il se trouve de ces pieces d'or depuis Louys VIII. Pere de S. Louys jusqu'à Charles VI.

C'est donc une deference que nos Roys comme Princes Tres-Chrestiens, rendent aujourd'huy aux paroles de l'Escriture Sainte, que de s'assujettir à leur Langue, nonobſtant l'eſtabliſſement de la Françoiſe dans leurs Sceaux, & dans tous les actes qui émanent de l'authorité Royale. Et cette diſtinction eſt ſi vraye, que dans les monnoyes moins conſiderables, comme celles de cuivre, où il n'y a point de paſſage de l'Eſcriture Sainte, le nom du Roy eſt en langue Françoiſe. Apres cela, je n'eſtime pas qu'on doive aſſez deferer à ces objections, pour vouloir r'appeller la langue Latine dans les Monumens publics, & il ne faut pas s'imaginer, qu'il y ait de la temerité à vouloir que la Langue Françoiſe luy ſuccede. Si la langue Latine eſt conſiderée comme la Mere de la DISCOURS 2.

DISCOVRS 2.

Françoiſe, il eſt dans l'ordre de la Nature que la Fille ſuccede à la Mere. Si la langue Latine eſt conſiderée comme Eſtrangere en France, il eſt du bon ſens que nous luy preferions noſtre Langue naturelle. Enfin, s'il faut prouver ſon droit par la jouyſſance, on ne peut pas meſme nous accuſer d'introduire une nouveauté. Ce n'eſt pas une choſe trop nouvelle, que de voir des Inſcriptions Françoiſes; Toutes les ruës, toutes les places de Paris en ſont pleines; Il y a desja long-temps que noſtre Langue s'eſcrit ſur le Marbre & ſur le Bronze. Mais quand ce ſeroit une nouveauté, il ne faudroit pas avoir plus de repugnance

Qu'il n'eſt pas nouveau de voir des Inſcriptions Françoiſes

DISCOURS 2.

Que toutes les nouveautez ne sont pas blasmables.

à s'en servir. Si les Grecs, si les Romains que nous estimons tant & avec raison, avoient esté si grands Ennemis des nouveautez, ce qu'ils nous ont laissé ne seroit pas dans la Nature des choses, & leurs inventions qui sont devenuës anciennes avec le temps, seroient avortées dans leur naissance, parce qu'on pouvoit leur reprocher qu'elles estoient nouvelles quand elles ont commencé à paroistre.

Quod si tam Græcis novitas invisa fuisset,
Quam nobis quid nunc esset vetus.

Ce qui n'est pas suivant la maniere des autres, n'est pas mau-

DISCOURS 2. vais pour cela, mais c'est un effet de la malignité humaine, de n'estimer que les choses anciennes, & de mespriser tout ce qui se fait aujourd'huy. *Vitio autem malignitatis humanæ vetera semper in laude, præsentia in fastidio esse.* Toutesfois il ne faut pas tousjours imputer à malignité les sentimens qu'inspirent à quelques-uns ce grand amour de l'Antiquité. Ils peuvent se laisser tromper de bonne foy; Ils peuvent quelquefois estre tellement persuadez de la pauvreté de nostre Langue, & de la foiblesse des esprits d'aujourd'huy, que de n'oser comparer l'une avec la langue Romaine, & les autres avec les grands Personnages qui ont esté de la Cour d'Auguste. Je sçay bien que ce n'est pas icy le lieu d'esmouvoir cette question; Mais il n'y auroit point d'apparence de finir ce discours, sans dire un mot en passant contre un soupçon si injuste, & qui est si injurieux à nostre siecle.

DISCOVRS 2.

Si nostre siecle est inferieur aux Siecles anciens.

Sujet de la [illegible] Partie de ce Discours.

IL y a eu tousiours des Juges préoccupez en faveur des Anciens. Horace leur demande plaisamment, combien il faut qu'il y ait de temps qu'un Escrivain soit mort pour estre mis au nombre des Anciens & des bons Autheurs; Est-ce assez de cent ans, dit-il? Mais quoy, s'il s'en manque un jour, un mois, un an; faut-

Troisiéme Partie.

Preoccupation en faveur des Anciens, blasmée de leur temps.

DIS-COVRS 2. il l'exclure de ce nombre? Enfin, il conclut que le Peuple juge quelquefois bien, mais qu'il s'abuſe vilainement quand il eſtime ſi fort les Anciens que de n'oſer rien leur preferer, ou mettre en comparaiſon avec eux. Ciceron avoit la meſme querelle avec les gens de ſon ſiecle. Ceux-cy n'avoient de l'admiration que pour les anciens Orateurs, & luy il faiſoit plus d'eſtat de l'eloquence de ſon temps. *Ad Ciceronem venio cui eadem pugna cum æqualibus ſuis fuit; Illi enim antiquos mirabantur, ipſe ſuorum temporum eloquentiam anteponebat.* Pour moy je ne voudrois pas prononçer ſi hardiment en faveur de noſtre

Langue, ny des Eloquens de noſtre ſiecle, je ne voudrois pas dire comme le fils de Capanée dans Homere que nous valons beaucoup mieux que nos Anceſtres, DISCOVRS 2. Iliad. 4.

ἡμεῖς τοι πατέρων μέγ' ἀμείνονες εὐχόμεθ' εἶναι.

Mais je ſerois bien faſché qu'il fuſt impoſſible de reſpondre à mon illuſtre Adverſaire, quand il exaggere les avantages qu'il appelle naturels & eſſentiels à la langue Latine, & qu'il avance avec une fermeté qui m'a mortifié au dernier point, *Qu'on ne ſçauroit douter que la langue Latine ne ſurpaſſe la Françoiſe de bien loin, ſi l'on conſidere attentivement & ſans prevention d'intereſts ou de par-*

Avantages pretendus de la langue Latine ſur la Françoiſe.

DISCOVRS 2.

tis, ſoit la richeſſe, la douceur, le ſon harmonieux, & la force de ſes termes; Soit l'Energie, la delicateſſe, & la netteté de ſes expreſſions; ou la juſteſſe de ſes figures, ou la varieté de ſes liaiſons, ou l'agreable tour & la nombreuſe cheute de ſes periodes. Je ſerois au deſeſpoir s'il falloit eſtre obligé d'avoüer que tout cecy eſt veritable, & que la Langue Françoiſe fuſt autant au deſſous de la Latine, qu'une auſſi vehemente enumeration le laiſſe à entendre. Car que nous reſteroit-il, ſi nous avions perdu noſtre cauſe en tous ces chefs? Je ne laiſſeray donc point ſi legerement condamner ma langue naturelle que nous ne devons gueres moins aimer que nostre Patrie, & pour qui il ne nous est pas permis d'avoir du mespris; Et bien que cecy ne fasse rien à la Question principale qui a fourny d'occasion à ce Discours, je ne puis m'empescher du moins de faire icy ma protestation pour y revenir en temps lieu, & lors qu'il sera permis d'examiner cette question de dessein formé, & dans toute l'estenduë qu'un si grand sujet le desire. Je diray tousjours par avance, que c'est un grand avantage à la langue Françoise, que le Peuple qui la parle est un Peuple naturellement eloquent, & qui a tousjours cultivé particulierement les Armes & le Bien dire. Un

DISCOURS 2.

Le peuple françois est naturellement Eloquent.

DIS-COVRS 2. Peuple chez qui l'on faiſoit autrefois publiquement des combats d'Eloquence, & chez qui les lettres Grecques, c'eſt à dire les belles lettres de l'Antiquité, eſtoient en ſi grande vogue, que les Romains tenoient pour indifferent d'envoyer leurs enfans eſtudier à Marſeille, ou à Athenes. *Strab. l. 4.* Enfin, un Peuple qui durant qu'il eſtoit encore dans l'aveuglement du Paganiſme, qui obſcurciſſoit toute la terre, adoroit pour ſa principale divinité le Dieu Mercure, qui eſt *Caſ. l. 6.* le Dieu de l'Eloquence & des beaux Arts. Qui eſt-ce qui n'a point encore oüy parler de l'Hercule Gaulois, en qui les Anciens reconnoiſſoient une

Figure de l'Hercule Gaulois.

puiſſance eſgale à dompter les hommes par la force des Armes, & a fleſchir les cœurs par les charmes du diſcours? Pour raiſon dequoy ils le repreſentoient armé d'une Maſluë, d'un Carquois, & d'un Arc, & faiſoient ſortir de ſa bouche pluſieurs chaiſnes d'or & de pierreries, qui tenoient un nombre infiny de perſonnes attachées par les oreilles, en ſorte qu'elles paroiſſoient ſuivre ce Heros, pluſtoſt de leur bon gré, que par la neceſſité de ces chaiſnes ſi legeres & ſi faciles à rompre; Ce qui peut paſſer pour un Symbole du genie de la Nation, qui a touſiours eſté également Eloquente & Courageuſe. *Duas res induſtrioſiſ-*

DISCOURS 2.

Lucianus.

Les Gaulois eſtimez pour leur valeur & leur Eloquence.

DISCOVRS 2. *ſime perſequitur pleraque Gallia, rem militarem & argute loqui*, disoit Caton le Censeur; Et 600. ans apres Caton, le meſme teſmoignage eſt renouvellé par Saint Jeroſme, pour monſtrer que l'eſprit de la Nation ne changeoit point. *Sola Gallia monſtra non habuit, ſed viris ſemper Fortiſſimis & Eloquentiſſimis abundavit.* Mais pour parler des ſiecles plus proches du noſtre; c'eſt à dire, depuis que les Sciences qui ſembloient avoir quitté l'Occident, ont commencé à y refleurir; N'eſt-ce pas chez ce meſme Peuple que l'on a veu s'eſlever les premiers beaux Eſprits qui ont commencé a polir toute l'Europe, & qui

Ap. d Soſip. char. l. 2

Adverſus vigi. ant.

ont introduit parmy nous & parmy nos voiſins, ces douceurs & ces tendreſſes de ſtyle, qui ſemblent eſtre puiſées dans la ſource des Graces, & où Venus meſme a meſlé plus de la cinquieſme partie de ſon Nectar? Il y a plus de 500. ans que la langue Françoiſe a des Autheurs celebres, qui ont composé des Ouvrages excellens, & dans ce nombre elle a conté des Roys, des Princes du ſang, & des premiers Seigneurs du Royaume. C'eſt ſur les Ouvrages de ces Eſprits naturellement Eloquens, que les Italiens ont formé la beauté de leur Poëſie & de leur Proſe. Les Dantes, les Petrarques, & les Bocaces, n'ont eſté que

Autheurs François celebres il y a plus de 500. ans.

DISCOURS 2. les Disciples de Thibaut Roy de Navarre, que Dante allegue comme un excellent Poëte, & à l'imitation duquel quelques-uns tiennent que les Italiens ont fait leurs huitains. De Monseigneur Gaces Brulez ; Du Chastelain de Coucy ; De Guillaume de Lorris Autheur du Romant de la Rose; De Hebers ; D'Eustache d'Amiens de qui Bocace a tiré quelques-unes de ses plus ingenieuses nouvelles ; Et de plusieurs autres de nos anciens Poëtes François, sans parler des Poëtes Provençaux que Petrarque a particulierement loüez, comme Peyre Vidal, Guillhem Figueira, Pierre d'Auvergne, dont il parle en son Triomphe

DISCOVRS 3.

phe d'Amour, & d'autres.

Aussi quelques fiers que soiẽt les Italiens d'aujourd'huy du merite de leur Langue, il faut qu'ils demeurent d'accord que leurs Predecesseurs luy ont preferé la nostre; Et c'est ce qu'il est aisé de leur prouver sur l'authorité de Brunetto Latini Florentin, Precepteur du Dante. Car cet Autheur ayant cõposé un Livre qu'il appelle le Thresor, parce que c'est une espece de Bibliotheque universelle, & l'ayant composé en Langue Françoise, quoy qu'il fust Florentin; il ne manque pas au commencement de son ouvrage, de se faire à soy-mesme cette objection, pourquoy il escrivoit en François,

Les Italiens au temps du Dante ont plus estimé la Langue Françoise que les autres Langues.

DISCOVRS 2. & voicy sa response en propres termes, que j'ay copiez d'un Manuscrit tres-ancien, qui est dans la Bibliotheque du Roy, & qui a toutes les apparences d'estre escrit du temps mesme de l'Autheur. *Et s'aucuns demande, porquoy chis Livres, est escris en Romans, selon le Patois de France, puisque nous somes Italiens, je diroé que c'est pour deux raisons, l'une est, por ce que nous somes en France, l'autre si est, par ceque François est plus delitaubles langages, & plus communs que moult d'autres.* Le Traducteur Italien de ce Livre imprimé à Trevise en 1474. devoit avoir leu quelque exemplaire, où il y eust, *plus delitaubles langages que tous au-*

Celebre passage de Brunetto Latini.

tres. Car il rend ainſi ces dernieres paroles, *Percio che la parlatura Franciesca, e piu delettevole, e piu communa che tutti li altri linguaggi*. Ce qui augmente encore la loüange.

DIS-COVRS I.

Sentiment du Dante touchant la langue françoise.

Le Dante eſt de ce meſme ſentiment, touchant la beauté de la langue Françoiſe, & ſe ſert preſque des meſmes termes dans ſon Livre *De Vulgari Eloquio ſive Idiomate*, ou il la compare avec la langue Italienne & la Provençale. Car quand il vient à conſiderer ſes avantages, il dit, Qu'elle peut alleguer que ſon parler vulgaire eſt le plus facile & le plus delectable, & que de là vient le grand nombre de Livres compoſez en cette Lan-

DISCOURS 12. gue, comme les Livres contenant les exploits des Troyens & des Romains, & les agreables avantures du Roy Artus, & plusieurs autres histoires & traitez de doctrine. *Allegat ergo pro se, quod propter sui faciliorem ac delectabiliorem vulgaritatem, quicquid redactum sive inventum ad vulgare prosaicum, suum est, videlicet biblia cum Trojanorum Romanorumque gestibus compilata, & Artui regis ambages pulcerrimæ, & quam plures aliæ historiæ ac doctrinæ.* Surquoy le Sieur Corbinelli, qui a le premier publié ce petit traité du Dante, sur le Manuscript unique qu'il avoit entre ses mains, & qui l'a enrichy de quelques Annotations Italiennes curieuſes & ſçavantes, ne peut s'empeſcher de faire cette reflexion à l'avantage de noſtre Langue. *Gran lode*, dit-il, *della lingua Franceze, delettabile come dice per le favole de Romanzi che in detta Lingua ſi truovono.*

DISCOVRS 2.

Et ainſi on voit en quelle eſtime le Dante avoit la langue Françoiſe, tandis qu'il paroiſſoit ſi mal ſatisfait de tous les idiomes d'Italie, dont il compte 14 principaux, qu'il ſubdiviſe en un nombre infiny d'autres moins eſtendus, & deſquels tous il ne fait mention que pour les condamner. Car avec quel meſpris ne parle-t-il point du langage de Rome, qui ſe vantoit neantmoins d'e-

Eſtat de la Langue Italienne du temps de Dante.

DISCOVRS 2. ſtre preferable à tous les autres. Il fait un mot expres pour ſignifier ce qu'il en penſe, en l'appellant *Triſtiloquium*, & il dit qu'il eſtoit le plus dégouſtant de tous les langages d'Italie, *Jtalorum vulgarium omnium turpiſsimum.* Il paſſe enſuite à examiner le langage d'Ancone, de Spolete, de Milan, de Verone, de Veniſe, de Genes, de Sicile, de la Poüille, dans leſquels il trouve d'extremes deffauts. Que ne dit-il point encore contre les Toſcans ſes compatriotes, quand il traitte de foux & d'extravagans tous les Autheurs de cette Nation, qui croyoient avoir bien parlé, & qu'il dit en general, que les Toſcans eſtoiẽt abiſmez dans leur vilain langage, *Fere omnes Tusci in suo Turpiloquio sunt obtusi.* De laquelle corruption universelle, il n'excepte que trois personnes, Guidone Lupo, un autre Florentin qu'il ne nomme pas, & qui est luy-mesme (comme dit Corbinelli) & Cino de Pistoye son amy, lesquels par leur addresse & leur bon goust, avoient reformé ce mauvais langage, & en avoient introduit un plus poly & plus excellent, qu'il appelle, *Vulgare Illustre, Cardinale, Aulicum & Curiale*, qui ne consistoit qu'en l'eslite de ce qu'il y avoit de meilleur en tous ces Idiomes differens, & c'est de ce choix judicieux qu'il dit, Qu'il y avoit lieu

DISCOURS 2.

Le Dante est le Fondateur de la Langue Italienne.

DIS-COVRS 2. „ d'admirer, que de tant de
„ termes grossiers, de tant de
„ constructions embarassées,
„ de tant de façons de parler
„ defectueuses, de tant d'ac-
„ cens rudes, on eust pu trier
„ une Langue si élegante, si
„ debarassée, si parfaite, & si
„ agreable, que celle que Cino
„ de Pistoye, & son amy (c'est
„ à dire luy-mesme) avoient
„ employée dans leurs Poësies.
Or que cette Langue excellente dont ils s'estoient servis, ne se parlast alors en aucun endroit d'Italie, il n'y a qu'à l'entendre s'expliquer luy-mesme pour en juger. *Non restat in dubio*, dit-il, *quin aliud sit vulgare quod quærimus, quam quod attingit populus Tuscanorum.*

C'est

C'eſt pourquoy il dit fort bien encore, Qu'en chaque Ville il y avoit quelque choſe de ce Vulgaire Illuſtre, mais qu'il n'eſtoit tout entier en pas une. *Nunc poteſt diſcerni vulgare quod ſuperius venabamur, quod in qualibet redolet civitate, nec cubat in ulla.* Et plus bas encore; *Itaque adepti quod quærebamus, dicimus Illuſtre, Cardinale, Aulicum & Curiale vulgare, in Latio* (Il veut dire en Italie) *quod omnis latiæ civitatis eſt & nullius eſſe videtur.* DISCOVRS 2.

Ainſi il eſt vray de dire, qu'en ce temps où le Dante loüoit ſi fort la langue Françoiſe, il n'y avoit en toute l'Italie, que des langages corrompus qu'il blaſmoit; & que pour en

DIS-COVRS 2. trouver un qu'il puſt oppoſer à la beauté de noſtre Langue, il eſtoit obligé d'avoir recours à une Langue nouvelle, c'eſt à dire à ce *Vulgaire Illuſtre* qu'il cherchoit & qu'il ne trouvoit en aucun lieu. Il loüoit ce qu'il avoit en penſée, & non pas ce qui eſtoit en uſage. C'eſt donc de cette langue Italienne eſpurée ſelon ſon idée, & à la recherche de laquelle il avoit travaillé avec tant de ſoin, qu'il a eu intention de faire l'Eloge, quand il dit qu'elle eſt plus conforme aux Loix de la Grammaire, *Quia magis videtur inniti Grammaticæ*, & non pas de ces Idiomes à demy Barbares, qui regnoient par toute l'Italie, & qui n'eſtoient ni fondez ſur les regles de la Grammaire, ni accompagnez d'aucune douceur ou ſubtilité, comme il le fait voir par tout ſon Livre. C'eſt cette Langue choiſie dont il a jetté les premieres ſemences, & qui depuis ayant eſté cultivée par Petrarque & par Bocace, a donné en ſuitte à l'Italie pluſieurs fameux Eſcrivains. Ce qui n'eſt arrivé neantmoins que long-temps apres que la France a eu grand nombre d'Autheurs celebres, qui ſans doute ont ſervy de modele aux Italiens. Car enfin il n'y a point d'Autheur de conſideration parmy eux, plus ancien que celuy dont nous venons de parler, je veux dire le Dante, c'eſt pourquoy

DISCOVRS 2.

Volaterran le nomme le premier, & Petrarque le second, qui ont cultivé les belles lettres en Italie, depuis le siecle de Claudien. Or le mesme Dante avouë encore, qu'il ne sçavoit point qu'aucun Italien eust escrit en Vers des exploits militaires, *Arma vero nullum Italum adhuc invenio Poëtasse*, quoy qu'alors rien ne fust plus commun parmy nous, que de semblables ouvrages. C'est encore des Poëtes François, que les Italiens & les Provençaux mesmes qui sont plus anciens que les Italiens, ont appris cette agreable espece de Poësie à qui l'on a donné le nom de *Sonnet*, dont quelques-uns attribuent mal à propos

Poëtes François plus anciens que les Italiens.

Le Sonnet est une invention des Poëtes François.

l'invention à Petrarque, puiſqu'il en eſt fait mention dans les Poëſies du Roy de Navarre, qui eſt mort 50 ans juſtement avant que Petrarque fut né. Apres quoy il eſt evident, que les Italiens ſeroient mal fondez à nous diſputer l'avantage de l'Antiquité, & pour le ſçavoir & pour l'Elegance du langage, dont leurs Anceſtres ont avoüé que la France eſtoit en poſſeſſion, tandis que leur païs eſtoit abiſmé dans ces vilains Idiomes qu'ils regardoient avec tant de meſpris. DISCOVRS 2.

Noſtre Langue a eſté auſſi autrefois la Langue dominante de l'Angleterre. C'eſtoit la Langue du Prince & de toute la Cour; c'eſtoit la Langue des L'ancienne Langue Françoise fort eſtimée en Angleterre.

DISCOURS 2.

Tribunaux & des Magiſtrats; On y plaidoit, on y rendoit la Juſtice en cette Langue, quoy que le Peuple euſt la ſienne à part; Ce qui a duré juſqu'au temps d'Edoüard III. où cela fut reformé par jalouſie de Nation, & neantmoins la Langue Françoiſe ne fut pas tout à fait bannie des actions de ceremonie, & d'eſclat; puiſque le meſme Roy en eſtabliſſant l'Ordre de la Jarrettiere, y mit un mot en Langue Françoiſe; comme s'il euſt voulu faire entendre, que dans une action de galanterie, il falloit employer la Langue la plus galante & la plus polie de l'Univers.

Cependant cette Langue

qui a esté jugée si belle par les autres Nations, n'a jamais esté en un si haut degré de perfection qu'elle l'est presentement ; Et s'il faut avoüer apres cela qu'elle soit inferieure à la Romaine, je ne remarque point que ce soit de si loin qu'on se le pourroit imaginer. Car il ne sert de rien de luy objecter aujourd'huy, comme quelques-uns ont fait, qu'elle n'est que la corruption de celle-là. Il ne sert de rien de luy reprocher les begayemens de son enfance, & de dire qu'elle n'a esté connuë que sous le nom de *Langue Latine Rustique*, parmy ceux qui l'ont veu naistre. Il ne sert de rien de luy appliquer encore, ce que

Que ce n'est point un sujet de reproche à la Langue Françoise, de ce qu'elle s'est engendrée de la corruption de la Latine.

DIS-COVRS 2. Sidonius Apollinaris dit de la Langue de ſon ſiecle, qu'il appelle, *Squammam Latini ſermonis*, & ailleurs *Rubiginem trivialium barbariſmorum*, comme ſi cela ſe devoit entendre d'elle. En parlant de la ſorte, on dit ce que la Langue Françoiſe a eſté, on ne dit pas ce qu'elle eſt. Cette Ruſticité s'eſt évanoüie; ces Barbariſmes ſe ſont adoucis, & ce ne luy doit pas eſtre une petite gloire, d'avoir ſi avantageuſement reparé les vices de ſa naiſſance, & d'eſtre devenuë ſi noble, ſi pure, & ſi delicate. Ce changement meſme eſt encore une des reſſemblances qu'elle a avec la langue Latine, que l'on dit auſſi avoir eſté dans ſon premier âge rude, grossiere, sans ordre, *incondita*, selon Isidore, comme si elle n'avoit pas eu de figure d'un langage raisonnable. Mais on ne luy reprochoit plus la bassesse de ces commencemens dans le siecle de l'Eloquence ; & si l'on se souvenoit à Rome des vers des Saliens, ce n'estoit pas pour en faire honte aux Orateurs du siecle de Cæsar. Il ne faut donc point avilir le merite de nostre Langue, par une consideration qui doit la relever, aussi bien que celle dont elle est descenduë; Ou bien il faudroit avoir assez d'injustice pour pretendre, que ce qui a esté un sujet de loüange en l'une, pourroit devenir une raison

DISCOVRS 2.

de meſpris en l'autre.

Cauſe du grand reſpect que l'on a pour la langue Latine.

C'eſt pourquoy je ne puis m'empeſcher de dire, ce que j'ay penſé mille fois, que ce grand reſpect que l'on a pour la langue Latine, n'eſt qu'une ſuite des impreſſions qu'on nous donne en jeuneſſe, lors qu'on nous force de l'apprendre dans les Eſcholes, & qu'on nous deffend l'uſage de la noſtre. On nous mene à la lecture des Autheurs Latins, avec un eſprit preoccupé; On ne nous laiſſe que la liberté d'y applaudir; Nous nous laiſſons prevenir à l'eſtime que nos Precepteurs nous inſpirent, parce que nous faiſons cette lecture en un âge où nous n'avons pas tout le jugement neceſſaire pour en remarquer les beautez & les deffauts; Et comme il eſt mal-aiſé de revenir de ces premieres impreſſions, il n'eſt pas facile de trouver un Juge équitable dans la conteſtation de ces deux Langues. DIS-COVRS 2.

Il eſt vray que la pluſpart des Autheurs Latins qu'on preſente à la jeuneſſe ſont tres-excellens; mais il eſt vray auſſi, que tous ceux de leur ſiecle n'eſtoient pas dans la meſme perfection, les impertinens & les habiles eſcrivoient en ce temps-là comme aujourd'huy.

Scribimus indocti doctique Poemata paſſim.

C'eſt pourquoy, il faut avoüer,

DISCOURS 2.

Nous ne voyons pas les meschans Autheurs Latins, ce qui contribuë fort à l'avantage de la Langue.

que c'eſt un grand avantage à la langue Latine, de ce que nous n'en avons conſervé que les Autheurs illuſtres, & que nous ne voyons plus cette racaille de Rome, qui n'exciteroit que du meſpris pour leur Langue. Nous ne voyons plus les Vers haïſſables de Mævius, ny cette fatigante Theſeïde de Codrus, ny les Sordides Annales de Voluſius, ny le fumier d'Ennius, ny mille autres dont nous ne ſçavons pas meſmes les noms. Il ne nous reſte que les Eſcrits de vingt-cinq ou trente grands Perſonnages, que le temps a triez ſur ce nombre inconcevable d'hommes, qui ont demeuré ſucceſſivement dans une Ville ſi vaſte & ſi peuplée, que l'Empereur Tibere y ayant fait faire une reveuë des gens capables d'aller à la guerre ; il s'y trouva dix-ſept cens quatre-vingt dix-ſept mille dix hommes ſous les armes , comme on l'apprend d'une ancienne Inſcription. Un ſi petit nombre d'excellens Eſcrivains , dans une ſi prodigieuſe quantité de gens , qui ont occupé cette Ville à divers temps , marque une grande ſterilité de Bel eſprit, & juſtifie bien ce que dit Horace , qu'encore que la conqueſte de la Grece euſt apporté les beaux Arts à Rome , & en euſt chaſſé la mauvaiſe odeur de l'Ignorance ; neantmoins il y demeuroit touſiours

DISCOVRS 2.

DISCOVRS 2.

Le Peuple de Rome a touſiours eſté fort groſſier.

des veſtiges de l'ancienne ruſticité, qui ſembloient meſme ne ſe devoir pas effacer de long-temps;

Sed in longum tamen ævum,
Manſerunt hodieque manent
veſtigia ruris.

Il faut donc tenir pour aſſeuré, que le grand eſloignement d'où nous voyons les choſes de ce ſiecle-là, eſt ce qui aide à nous en donner une ſi haute opinion. Comme quand on voit de loin une grande Ville dont on ne remarque que le haut des Tours, le faiſte des Palais, & les domes des Temples; Car on ſe figureroit aiſément ſur cette premiere apparence, que tout en eſt beau &

magnifique ; mais quand on est dedans, on n'y remarque plus que des ruës estroites & bouëuses, qu'une confusion de petites maisons pressées & mal basties, & l'on se demande quelquefois où est la Ville qu'on avoit veuë. Il en est de mesme des Anciens ; Nous n'en connoissons plus que les Testes illustres, nous n'en voyons que l'eslite. Tout le reste du vulgaire & du mesprisable est ensevely dans un oubly éternel; Et je laisse à penser l'effet que cela doit produire sur l'imagination de ceux qui ne veulent pas entrer dans ces considerations, & qui voyant que leur Servante & leur Cocher parlent François, auroient

DIS-COVRS 2.

honte de s'imaginer, que cette Langue fust aussi noble que la Latine, qu'ils appellent la Langue des Scipions & des Cæsars.

Si les noms propres des François sont moins nobles que ceux des Romains.

Il y a mesme des gens assez dégoustez, pour trouver je ne sçay quoy de fade ou de mesprisable dans nos noms propres, tandis que leurs oreilles sont si doucement flattées des noms Grecs & Romains. Je ne sçay si le grand merite des personnes qui ont porté ces noms, ne contribuë point à leur en donner une si haute estime; mais je doute fort qu'en prononçant avec Emphase le nom des Cicerons, des Pisons, des Fabiens, des Lentules, des Brutes, des Corneliens, des Catules, des Metelles, & des Scipions; ils fassent reflexion sur l'origine de ces noms, qui se tirent presque tous de choses basses ou ridicules. Que l'un soit pris des Poix chiches, l'autre des Poix communs, l'autre des Féve & l'autre des Lentilles. Que c luy-cy signifie un Animal, l'a tre une Corneille, un peti Chien, un Mercenaire, u Baston; Et cependant c'est-l la fleur de la Noblesse Romaine, & la bassesse de ces Etymologies, n'a point empesché ces noms d'entrer dans les Poëmes de Virgile, d'Horace, & de plusieurs autres. Les noms Grecs communémẽt sont plus

DISCOURS I.

B[illegible] les noms propres des Romains.

DIS-COURS. 2.

élegans, quoi qu'ils ne le soient pas tous ; Mais il y a encore moins de monde qui sente le peu de beauté qu'il y a dans le nom de Platon, de Leucippe, de Chrysippe, de Lycon, de Pyrrhus ; Ni ce qu'il y a de vilain dans celuy de Tyrtame, que Theophraste portoit avant qu'Aristote l'eust obligé par cette raison de le quitter. Ni la turpitude qui se rencontre dans celuy d'Antiochia, cette Ville celebre de la Syrie ; ni les basses significations qui sont dans ceux de Phyllis, & de Chloris, qui semblent presentement des noms tout confits en miel, tant il est vray que ce que nous voyons de loin nous impose facilement.

Bassesse de quelques noms propres des Grecs.

Quand donc mon illuſtre Adverſaire ſouhaitte qu'on juge de la langue Latine ſans prevention, je me ſervirois volontiers de ce ſouhait contre la pluſpart des Sçavans de noſtre Siecle, & voudrois qu'ils ſe miſſent en eſtat de juger équitablement & ſans prevention, du merite de la noſtre; Et c'eſt à quoy il eſt mal-aiſé de parvenir, à moins que d'en faire une eſtude particuliere, & de la pratiquer meſme aſſez pour en gouſter la beauté. Mon illuſtre Adverſaire n'aura aucune part à ce ſouhait, luy de qui les excellens ouvrages tiennent lieu parmy les principaux ornemens de noſtre Langue. C'eſt pourquoy de quelque DISCOURS 2.

DISCOVRS 2.

maniere qu'il pretexte ſon deſſein, je ne ſçay s'il ſe pourra ſauver de quelque petit reproche que luy pourront faire nos Muſes Françoiſes, qui ont reſpandu ſur luy toutes leurs richeſſes, de ce qu'il veut bien ſe declarer encore en faveur des Eſtrangeres, tandis qu'un ſuffrage auſſi puiſſant que le ſien, ſeroit capable de leur acquerir, ſinon la premiere place, du moins de les mettre en parallele avec ces anciennes Reynes du Parnaſſe.

Ainſi je ne ſçaurois eſtre de ſon opinion, apres qu'il m'a cent fois charmé les oreilles à l'oüir prononcer ſes excellens ouvrages, ſoit de Vers ſoit de Proſe, touchant ce Son harmo-

mieux qu'il rencontre dans la langue Latine plustost que dans la Françoise. Car pour juger du Son veritable de la langue Latine, il faudroit estre asseuré que nous la prononçons comme les anciens; Cependant il faut bien que nous ne la prononcions plus de mesme, puisque nous ne nous appercevons plus de ce *Son rude* que Quintilien y trouvoit d'abord; ni de cet autre Son desagreable *qui ne tient presque pas de la voix humaine*, à ce que dit le mesme Autheur, & qui se rencontroit dans la prononciation de la sixiesme lettre des Romains. Nostre oreille n'est plus offensée comme la sienne l'estoit de ces mots *Servum* &

DISCOVRS 2.

La langue Latine avoit la prononciation rude.

Sonus durior Quint. l.12. c. 10.

DIS-COVRS 2. *Ceruum; Equos* & *Equum*, qu'il dit meſme ne ſe pouvoir eſcrire en characteres Grecs, à cauſe de leur prononciation bizarre. Nous ne ſentons plus ce qu'il trouvoit de ſi choquant dans le ſon de leur M, qu'il appelle *une lettre Mugiſſante*, & qui cependant finit la pluſpart de leurs mots. Nous ne nous plaignons plus de ces ſyllabes qui s'appuyent ſur un B, ou ſur un D, avec tant de dureté, que les anciens avoient taſché de les amollir, en inſerant d'autres lettres apres celles-là, ou en les changeant tout à fait; comme il le juſtifie par des Exemples; Ce qui fait voir que tant s'en faut que la prononciation Françoiſe ſoit moins harmonieuse & moins douce que la Latine, qu'au contraire, il faut que la Latine ait perdu cette rudesse qu'on luy reprochoit en recevant nostre prononciation; Tellement qu'on peut dire avec quelque verité, que les François luy ont donné une douceur qu'elle n'avoit pas, & dont elle se sert maintenant contre nous; Car ce que dit ce fameux Rhetoricien de ce *Son rude & choquant* de la langue Latine, est plus croyable que ce que s'en imaginent presentement ceux qui la trouvent si charmante. DISCOURS 2.

Pour ce qui regarde les autres avantages que mon illustre Adversaire luy attribuë, *La*

DIS-COVRS 2.

Comparaiſon de quelques avantages de la langue Latine & de la Françoiſe.

force des Termes, l'Energie, la Delicateſſe, la Netteté des Expreſſions, & le reſte ; Je n'en demeureray jamais d'accord, ni avec luy, ni avec perſonne. Car les Paroles n'eſtant que les ſignes de la Penſée, je ne trouve point que nos Paroles n'expriment pas nos intentions, auſſi nettement que les Latines ; Je n'y ſens point ni moins d'Energie, ni moins de Delicateſſe, ni moins de Netteté. La juſteſſe des figures & la varieté des liaiſons, n'eſt point encore un bien, dont la langue Latine abonde plus que la Françoiſe ; Car les figures ſont de toutes les Langues, & les liaiſons ſont ſi naturelles en François, qu'il faudroit eſtre de bien

bien mauvaiſe humeur pour n'en eſtre pas ſatisfait. DIS-COVRS 2.

Pour l'agreable tour, & la nombreuſe cheute des Periodes, on me permettra bien de dire, que c'eſt en cela meſme que nous ſurmontons les Latins. Car ſi avoir plus qu'un autre eſt de quelque conſideration, il faut que les Latins nous le cedent abſolument, puiſque nous avons une diverſité dans nos Periodes qu'ils n'ont point, je veux dire, des cheutes maſculines & feminines, qui font dans les Vers nos deux eſpeces de rimes. C'eſt une grace dont les Grecs ni les Latins, ni meſme les Italiens, n'ont jamais eu aucune connoiſſance, & qui nous eſtant

Les terminaiſons maſculines & feminines ſont particulieres à la langue Françoiſe.

DISCOVRS 2

toute particuliere, monſtre que noſtre Langue bien loin d'eſtre plus defectueuſe que la Latine, a meſme cet avantage par deſſus elle, qui contribuë extremement à la rendre plus delicate & plus harmonieuſe.

Des conſtructions renverſées de la langue Latine.

De plus, il eſt indubitable que les conſtructions de la langue Françoiſe, ſont plus naturelles, plus droites, & plus conformes à la raiſon, que celles de la langue Latine & de la Grecque meſme, & que les tranſpoſitions continuelles des mots qui ſe rencontrent dans ces Langues anciennes, ſont des ſources inépuiſables d'Equivoques. Quintilien meſme s'en plaint, & nous fait voir que dans cet article d'un Testament, *Hæres meus, Vxori meæ dare, damnas esto, arg nti quod elegerit pondo centum*; on ne sçait à qui ce *quod elegerit* se doit rapporter, & si c'est l'Heritier qui doit choisir ou la Femme, ce qui devoit asseurement causer un grand Procez. Et dãs cette autre Proposition, *Chremetem audivi percussisse Demeam*, on ne sçait si c'est Chremes qui a battu Demeas, ou si Demeas a battu Chremes; Et je ne crois pas qu'on puisse trouver un plus grand deffaut dans un discours, que quand on n'en peut comprendre le sens. D'autres ont remarqué encore, la peine que s'est donnée Servius, pour trouver

DISCOVRS 2.

DISCOURS 2.

l'ordre naturel des paroles, de ce fameux paſſage du ſecond Livre de l'Eneïde.

Juvenes, fortiſſima fruſtra
Pectora, ſi vobis audentem extrema, Cupido
Certa ſequi, quæ ſit rebus fortuna videtis;
Exceſſere omnes adytis, ariſque relictis,
Dij quibus Imperium Hoc ſteterat, ſuccurritis urbi
Incenſæ, moriamur, & in media arma ruamus.

Obſcurité de la langue Latine & Grecque reconnuë par les Scholiaſtes

Ordo talis eſt, dit-il; *Juvenes fortiſsima pectora, fruſtra ſuccurritis urbi incenſæ quia exceſſerunt Dij, unde ſi vobis cupido certa eſt, me ſequi audentem extrema, moriamur, & in media arma*

mamus. Il ſemble que ce pauvre Grammairien, ait donné luy-meſme dans une embuſcade des ennemis, dont il a toutes les peines du monde à ſe ſauver; & je croy qu'Ænée trouva plus facilement un azile pour ſon Pere, contre la violence des Grecs, qu'il n'en a trouvé un pour ſon Autheur, contre cette importune *Synchyſis*, qu'il rencontre icy, c'eſt à dire une franche confuſion, dont il n'a preſque oſé prononcer le nom en ſa propre Langue. DISCOVRS 2.

Il en eſt de meſme de la langue Grecque, où ces conſtructions renverſées regnent comme dans la Latine; & ce τὸ ἑξῆς des Scholiaſtes, ſi ſou-

DIS-COVRS 2.

vent repeté dans l'explication des Autheurs Grecs, & qui signifie ce que Servius a voulu dire icy par ce, *Ordo talis est*, qu'est-ce autre chose qu'une preuve évidente, de la necessité où se sont trouvez ces Interpretes, de restablir la suite naturelle des paroles, que ces inversions avoient obscurcies? Dans le François il n'y a rien de semblable, les mots se placent tousjours suivant le droit raisonnement. *J'ay oüy dire que Chremes avoit battu Demeas*, voila comme le François parle. On ne se peut abuser à ces sortes de constructions. *Que mon Heritier donne à ma Femme cent livres d'argenterie qu'elle choisira*; Il n'y a plus de matiere de conteſtation ni de procez. Le Genie de noſtre Langue ne peut ſouffrir l'Obſcurité ni l'Equivoque ; ce qui eſt ſans doute une des grandes perfections du Diſcours : Car comme dit admirablement Quintilien , le bien Parler ne conſiſte pas à faire qu'on puiſſe entendre ce qu'on a dit, mais à faire en ſorte qu'on ne puiſſe pas ne le point entendre. *Quare non ut intelligere poſſit, ſed ne omnino poſſit non intelligere, curandum.*

DISCOURS I.

Quant à ce que les Partiſans de la langue Latine nous objectent encore au ſujet de nos Articles, qu'ils regardent comme une excreſcence dans le diſcours, & qu'ils diſent n'avoir

Des articles de la Langue Françoiſe.

DIS-COVRS 2. point d'autre effet que d'allonger & d'amollir nos Periodes, au lieu que le Latin, par la raiſon meſme qu'il s'en paſſe, eſt à leur avis bien plus ſerré & plus vigoureux; Il ſuffira de leur reſpondre, Que les Articles ont eſté en uſage dans la langue Grecque, auſſi bien que dans la noſtre, & que cela n'a pas empeſché, que le Grec n'ait eſté trouvé plus excellent en toutes choſes que le Latin au jugement des Latins meſmes, comme nous l'avons veu. Et de vray, ceux qui ont encore aujourd'huy penetré les ſecrets de l'Helleniſme, ne s'apperçoivent point que les Articles en enervent la vigueur, ou en corrompent la delicateſse ; Au contraire, ils s'enchasſent ſi agreablement dans le diſcours, que ſouvent ils en augmentent la beauté. Tantoſt ils preparent l'eſprit à ce qui ſuit; Tantoſt ils le font reſſouvenir de ce qui a precedé ; Quelquefois meſmes ils abbregent l'expreſſion. Il eſt vray que les Articles François ne s'employent pas tout à fait de meſme que ceux des Grecs, parce que noſtre conſtruction n'eſt pas renverſée comme la Grecque; Mais de quelque façon qu'ils entrent dans le diſcours, il n'eſt pas croyable qu'ils puiſſent gaſter la langue Françoiſe, & ſervir d'ornement à la Grecque. Comme leur Societé avec ces deux

DIS-COVRS 2. Langues, eſt fondée ſur la Nature, il ne ſe peut qu'elle ne ſoit également bonne ; & ce n'eſt pas juger équitablement, que de les approuver dans l'une, & les blaſmer dans l'autre. Cela me fait ſouvenir de ce Soldat Romain, qui ſe plaignoit avec raiſon, de ce qu'on le puniſſoit pour avoir fuy dans le combat, tandis qu'on épargnoit ſon Capitaine qui luy avoit monſtré cet exemple de laſcheté en fuyant le premier. *Adeo imparem libertatem Romæ, diti ac pauperi, honorato atque inhonorato eſſe*. Car n'eſt-ce pas la meſme choſe parmy ces Juges préoccupez. Ils n'oſeroient trouver mauvais que la langue Grecque ſe ſerve d'Articles, parce qu'elle eſt riche de gloire; parce qu'elle eſt fameuſe depuis trois mille ans. Ils en font un reproche à noſtre Langue, parce que ſa gloire n'eſt pas encore ſi abondante, parce que ſa reputation eſt nouvelle à comparaiſon de l'antiquité de l'autre.

DISCOURS 2.

Il ne ſera pas impoſſible de faire comprendre ces veritez à ceux qui ont une auſſi parfaite connoiſſance de ces trois Langues, que mon illuſtre Adverſaire, & qui ont aſſez de force d'eſprit, pour s'oppoſer au torrent de la Prevention. Mais il ne faut pas ſe promettre de convertir le commun des Sçavans; ces Eſprits timides & nez à la ſervitude, qui courent

DISCOVRS 2.

d'eux-meſmes au joug qu'on leur preſente, & qui ſont encore plus injuſtes dans le trop grand meſpris qu'ils ont pour leur ſiecle, que dans la grande eſtime qu'ils ont pour les ſiecles paſſez. Ce ſont ces gens-là qui ont juré de n'admirer rien, que ce qui eſt Grec ou Latin, & qui regardent toutes les autres Langues, ſoit anciennes, ſoit modernes, comme indignes de leur eſtre comparées. Cependant il n'y a rien de plus ridicule ny de plus ignorant que cette opinion. Mon illuſtre Adverſaire, ſçait mieux que perſonne, luy qui ſçait ſi bien la Langue ſainte, que la Lyre des Hebreux a ſonné plus haut que celle des

Les Grecs & les Latins, ne ſont pas les ſeuls beaux eſprits de l'antiquité.

Les Hebreux ont eu plus d'élevation que les Grecs & les Latins.

Latins ny des Grecs. Il ſçait que quand on regarderoit les Hymnes ſacrez de David, détachez de la veneration que nous leur portons, comme aux Livres de la Religion, on y trouveroit plus d'eſſevation de penſées, plus de nobleſſe d'expreſſion, plus de varieté & d'abondance, ſans affecter des digreſſions inutiles, que dans Pindare ny dans Horace; Et quiconque voudra comparer à cette Poëſie Royale les Odes que ce dernier a faites à l'honneur de ſes Dieux, comme le *Carmen ſæculare*, à l'honneur d'Apollon, & de Diane; & celles qu'il a faites encore pour Mercure, pour Venus, pour Bacchus, & pour ſes autres Di-

DIS-COVRS 2.

Excellence des Pſeaumes de David.

DISCOVRS 2.

vinitez fabuleuſes ; Il faudra eſtre aveugle volontaire, pour ne pas demeurer d'accord, qu'elles ſont en toutes choſes infiniment au deſſous de celles que ce grand Prince a faites à l'honneur du Dieu vivant. Et s'il m'eſt permis en paſſant de dire un mot des autres genres d'eſcrire de cette fameuſe nation ; Y a-t-il rien de plus grave, de plus exact, ny de mieux circonſtancié en fait d'Hiſtoire, que celle du divin Moyſe, quand il raconte la ſortie des Hebreux hors de l'Egypte, & le chemin qu'il leur fait faire dans le deſert, avant que d'arriver à la terre qui leur avoit eſté promiſe ? Où trouve-t-on plus de ce

Excellence de l'Hiſtoire de Moyſe.

Merveilleux & de ce Surpre- DISCOURS 2.
nant, que les Hiſtoriens Grecs ont cherché avec tant de ſoin, que dans cette Evaſion miraculeuſe, & dans ces prodiges ſanglants, arrivez par l'endurciſſement de Pharaon? Enfin, je ſuis aſſeuré, qu'Herodote qu'on a nommé le Pere de l'Hiſtoire, & dont les Livres ont paru aux yeux des Anciens, ſi remplis d'Elegance & d'Amœnitez, qu'on a creu leur devoir donner le nom des Muſes, n'a rien de ſi agreable ny de ſi tendre, que l'Entreveuë de Joſeph, & de ſes freres; Car cet endroit eſt touché en ſi grand Maiſtre, la Scene eſt ſi bien diſpoſée, la Reconnoiſſance y eſt conduite avec tant

DIS-COVRS 2.

d'art, qu'il faudroit estre de Bronze, pour n'estre pas penetré jusques au fonds du cœur des mouvemens de l'Amitié fraternelle, qui fait le denouëment de cet incident admirable. Et c'est ce que les Grecs ont tant loüé, que cette adresse de remuer les passions, & d'inspirer aux Lecteurs les mesmes sentimens que l'on donne à ceux dont on descrit les avantures. Aussi les grandes qualitez de ce fameux Historien & Legislateur, n'ont pas esté inconnuës aux Payens, comme il paroist par le Sophiste Longin, qui l'appelle *un Homme extraordinaire*, & qui louë si hautement cette expression sublime tirée du premier chapitre de la Genese,

Moyse loüé par les Payens.

Geneſe, ou pour marquer la celerité, avec laquelle toutes choſes furentcreées par la puiſſance Divine, il ſe ſert d'une façon de parler ſi ſerrée, qu'elle ſemble imiter cette prõptitude meſme. *Dieu dit que la Lumiere ſoit faite, & la Lumiere fut faite.*

DISCOVRS 2

Tout cela juſtifie donc, qu'il y a eu de l'Eloquence, & de la Beauté d'eſprit, ailleurs qu'à Athenes & à Rome. Et ſi cela a eſté ainſi dans les ſiecles paſſez, pourquoy cela ne ſeroit-il pas de meſme aujourd'huy? Car c'eſt une erreur ridicule & dangereuſe tout enſemble, que de s'imaginer que la Nature vieilliſſe, & tombe en decadence. Nous voyons le meſme Soleil qui a eſclairé nos

Que la Nature ne vieillit point.

DIS-COVRS 2. Peres, & il n'a point changé de cours. Nous voyons les meſmes Eſtoiles, & nous n'apprenons point qu'elles ayent perdu de leur ſplendeur. Nous ne voyons point que le Globe de la Terre ſoit moins ſtable, ou qu'il ait perdu de ſa feconcondité. Nous ne voyons point que les Animaux irraiſonnables ou les Plantes, ayent rien changé de leurs figures ou de leurs proprietez ; Nous ne voyons point par les veſtiges qui nous reſtent des Grecs & des Romains, qu'ils fuſſent d'une taille plus avantageuſe que la noſtre. La Beauté des corps n'eſtoit point plus exquiſe qu'à preſent, & les belles & excellentes Statuës Grecques, qui ont esté formées non seulement sur les beautez les plus parfaites que les Sculpteurs pouvoient voir, mais sur celles mesmes qu'ils s'imaginoient, n'ont point eu des proportions si justes, ni des traits si accomplis, que nous n'en trouvions quelquefois de semblables, dans des personnes vivantes de l'un & de l'autre sexe. Et partant, puisque le Corps tout changeant & tout perissable qu'il est, s'est conservé dans sa mesme perfection depuis tant de siecles, pourquoy l'Esprit qui est immuable & immortel, seroit-il le seul diminué parmy les hommes ? Certes c'est faire une injure à la Divinité, que

DISCOURS 2.

DISCOVRS 2.

Que l'esprit n'est point diminué parmy les hommes.

d'avoir ces pensées, & d'attribuer à son plus noble ouvrage, des alterations dont les bestes brutes & les pierres sont exemptes. La Grece & l'Italie ont porté de tres-grands Personnages de toute maniere. Ils ont puisé dans la plus claire & la plus feconde source du bel esprit, mais ils ne l'ont pas espuisée. Ils ont paru avec esclat dans une carriere, où il ne nous est pas deffendu de les suivre ; & mettant à part l'avantage qu'ils ont eu d'avoir couru devant nous, on ne doit pas croire qu'il nous soit impossible d'égaler ny mesme de surpasser leur agilité & leur adresse. Cela paroist par les Progrez qui se sont faits de nos jours dans toutes ſortes de Sciences ; dans la Phyſique, dans la Medecine, dans l'Aſtronomie, ſans parler du reſte de la Litterature, qui a receu auſſi un grand acroiſſement de lumiere. Car que n'a-t-on point deſcouvert dans l'Hiſtoire la plus eſloignée, comme celle des Egyptiens, des Aſſyriens, des Medes, & des Perſes, par la conference des Autheurs profanes avec les Livres ſacrez qui n'avoient point eſté maniez ny des Grecs ny des Romains ? Juſqu'où n'a-t-on point encore avancé dans la recherche de la verité, par l'uſage des Langues Orientales, qui ont eſté reſſuſcitées par le travail & l'induſtrie des

DISCOURS II.

L'Eruditiõ de noſtre Siecle, eſt plus grande que celle des Anciens.

DIS-COVRS 2. Modernes. Avec combien de ſagacité a-t-on penetré par ce moyen dans les tenebres qui couvrent le Siecle que les Anciens meſmes appellent *Fa-*
μυθικόν. *buleux* ; ſoit pour déveloper l'origine & les noms divers de leurs fauſſes Divinitez, ſoit pour marquer le commencement & les progrez de leur culte ſuperſtitieux ? Combien de fauſſetez a-t-on deſcouvertes encore par ce moyen, dans les plus celebres Autheurs Grecs, & particulierement touchant les noms des Peuples des Provinces, & des Iſles, dont ils ont voulu rendre raiſon par leur Langue, lors qu'il en falloit chercher la ſource dans la Phœnicienne ou l'Hebraïque,

comme l'a ſi bien prouvé entr'autres le ſçavant Autheur du Phaleg, ou de la Geographie ſacrée. Ces grands Eſtimateurs de l'Antiquité, ſeroient bien empeſchez encore s'il leur falloit trouver quelque choſe dans ces temps bien-heureux, qu'ils puſſent oppoſer à nos nouvelles deſcouvertes, dans les beaux Arts, dans les Mechaniques, dans la Navigation, dans l'Art Militaire? Que nous allegueront-ils de comparable à l'invention de l'Imprimerie, par qui l'Homme s'eſleve à une eſpece d'immortalité? A celle des Horloges à reſſorts, que nos Ayeux ont trouvée, & qui de nos jours a eſté portée à un ſi haut degré de perfection.

DISCOURS 2.

Excellentes inventions Modernes.

DIS-COVRS 2. par le moyen des Pendules ? à celle des Lunettes de longue veuë qui nous introduiſent, s'il faut ainſi dire, dans le ſecret de la fabrique des corps Celeſtes ? à celle de l'Artillerie, dont l'uſage n'eſt pernicieux que par noſtre fureur ? à la deſcouverte du nouveau Monde, qui par par la reünion de toutes les parties de la Terre ſous un commerce reciproque, a veritablement accomply ce qui manquoit à la beauté de l'Univers ? Et par quelle bizarre inégalité voudroit-on que l'Eſprit humain, qui fait voir par là que ſa vigueur eſt pluſtoſt augmentée qu'affoiblie, n'euſt pas la meſme vivacité pour l'Eloquence ? Pourquoy veut-on, qu'ayant qu'ayant veu plus loin que les Anciens dans le fonds des choses, nous ayons moins d'adresse qu'eux à les bien dire ? Il n'y a nulle raison qui nous puisse obliger à faire une distinction si peu fondée ; & cét Autheur Latin qui se mit autrefois en peine de chercher les causes de la Corruption de l'Eloquence, qu'il supposoit estre arrivée de son temps, a traitté luy-mesme cette matiere avec tant d'Eloquence, que son propre Ouvrage estoit une preuve de la fausseté de son doute.

DISCOVRS 2.

On est aussi Eloquent presentement que du temps des Anciens.

Aussi le mesme Autheur, demeure d'accord que cette opinion de la Corruption de l'Eloquence n'estoit pas si bien establie que quelques-uns

DIS-COVRS 2.

n'euſſent donné dans une extremité contraire en ſouſtenant le party des Modernes contre les Anciens. *Neque enim defuit, qui diverſam quoque partem ſuſciperet, ac multum vexata & irriſa Vetuſtate, noſtrorum temporum Eloquentiam antiquorum ingenijs anteponeret.* Il y a un temperament en cela à prendre pour nous ; Il faut admirer les anciens Autheurs Grecs & Latins en ce qu'ils ont eu d'excellent, mais il ne faut pas eſtre touſiours dans l'admiration, parce qu'ils n'ont pas touſiours fait des choſes excellentes; Et ſi vous leur oſtez l'authorité de leur propre Langue, ſur quoy ils ſeront touſjours nos Maiſtres, comme

Les Anciens ne ſont pas touſiours admirables.

nous le ſerons des Eſtrangers qui voudront parler François, le reſte nous eſt commun avec eux ; Car du coſté des penſées & des autres addreſſes du diſcours, il ne faut pas leur attribuer ſur nous un Empire ſi abſolu, que nous nous interdiſions pour jamais l'eſperance d'aller du pair avec eux, ou de les ſurmonter. Ils ne l'ont pas pretendu eux-meſmes; Ils nous avertiſſent de ne pas recevoir aveuglément tout ce qui nous vient des plus celebres d'entr'eux comme des regles de la ſouveraine juſteſſe, de crainte qu'on ne s'engage à imiter juſqu'à leurs fautes ; Il ne faut „ pas penſer, dit Quintilien, „ que tout ce que les grands

DISCOURS 2.

Iugement des Anciens ſur les Anciens meſmes.

„ Autheurs ont dit ſoit parfait; „ Quelquefois ils tombent „ ſous le poids de la matiere, „ ou ils ſe negligent; Ils n'ont „ pas touſiours l'eſprit bandé; „ Il leur arrive quelquefois de ſe laſſer.

Herodote repris par Ciceron, & par Plutarque.

Et certes la maniere dont ils ont parlé les uns des autres, nous fait bien voir qu'ils ont eu des deffauts de toute nature. Ciceron reproche à Herodote qu'il eſt plein d'un nombre infiny de Fables, & Plutarque outre cela, y trouve de la Paſſion & de la Malignité, des Contradictions & des Ignorances. Denys d'Halicarnaſſe trouve à redire en Thucydide, ce grand nombre de Harangues qu'il a reſpandues dans ſon

Thucidide repris par Denys d'Halicarnaſſe.

Ouvrage, & dont il dit qu'il avoit eu plus de ſoin que du corps meſme de l Hiſtoire; tellement que de ſon temps un certain Cratippus, fit un recüeil de pluſieurs particularitez importantes qu'il avoit obmiſes, & qu enfin s'eſtant apperceu luy-meſme que ces diſcours trop frequens interrompoient le fil de ſa narration, & ennuyoient le Lecteur, il avoit tout à coup changé de methode; Ce qui paroiſt par ſon dernier Livre, où il n avoit point mis de Harangues nonobſtant l'importance des ſujets qu'il y traitte. Il n'approuve pas encore l'entrée de ſon Hiſtoire, où il conſume trop de temps à vouloir prouver qu'il ne s'e-

DISCOVRS 2.

ſtoit jamais fait une plus grande guerre que celle qu'il alloit deſcrire, ce qui au fonds n'eſtoit point veritable; & pour mieux faire entendre ſa Critique, il compoſe un nouveau commencement tel que Thucydide devroit l'avoir fait. Plu-

L'Exorde de Saluſte blaſmé.

ſieurs ont blaſmé auſſi l'Exorde de Saluſte qui ſeroit plus propre à la teſte d'un traicté de Philoſophie que d'une Hiſtoire.

Quintil. l. 2. c. 20.

Longin ſe mocque d'Iſocrate, qui dans ſon Panegyrique, ayant deſſein de prouver que les ſervices des Atheniens envers la Grece eſtoient infiniment plus conſiderables que ceux des Lacedemoniens, avance d'abord cette maxime, *Que c'eſt un effet de l'Eloquence, que*

Iſocrate repris par Longin, & par Hermogene.

de diminuer les grandes choses, & d'aggrandir les petites: Car on luy pourroit demander aussi-tost, si ce qu'il dira de ces deux Republiques, aura un pareil effet; Et ainsi l'Eloge de l'Eloquence qu'il fait en cet endroit, est un advertissement qu'il donne contre luy-mesme, pour ne rien croire de tout ce qu'il va dire. Et cependant on ne peut pas l'excuser sur la precipitation avec laquelle il auroit composé ce Discours, puisque ceux qui disent le moins, avoüent qu'il fut dix ans a le faire. Le Rhetoricien Hermogene l'attaque par un autre endroit; Il trouve en luy trop de soin & trop d'Ornement, jusques-là, que quand il veut pousser quelque mouvement plein de force & de vehemence, il l'enerve par sa trop grande exactitude ; & il conclut *Qu'il estoit sans vigueur, & que son stile sentoit le Vieillard & le Maistre d'Escole.* Quintilien a beau soustenir qu'il n'y a rien à retrancher en Demosthene. Peut-on ne souhaitter pas qu'il n'eust point repeté des pages toutes entieres d'un discours dans l'autre, & Phocion qui n'aimoit pas ses longues periodes, s'estoit rendu si formidable à cet Orateur, que quand il le voyoit lever pour parler devant le Peuple, il disoit, *Voila la coignee de mes discours qui se leve.* Les expressions bouffies d'Æschile,

Demosthene repris par Phocion.

Aeschile & Euripide raillez par Aristophane.

& les pointes embarassées d'Euripide, ont servy de matiere à quelques railleries d'Aristophane tres-ingenieuses & tres-plaisantes. D'autre costé Plutarque n'a pas jugé fort favorablement d'Aristophane, en disant *Que son discours avoit je ne sçay quoy de dégoustant, qui sent le farceur & l'homme de basse naissance, & qu'il ne plaist qu'aux ignorans & au vulgaire, tandis qu'il ennuye les gens d'esprit.* Le divin Genie d'Homere ne l'a point mis à couvert ni de la censure d'Horace, qui dit qu'il resve quelquefois, ni du dégoust de Martial qui luy reproche son trop frequent, *τὸν δ' ἀπαμειβόμενος.* Ciceron n'avoit-il pas fatigué aussi quel-

DISCOVRS I.

Aristophane repris par Plutarque.

Homere repris par Horace & par Martial.

Ciceron repris par Calvus, par Brutus, & par d'autres.

DIS-COVRS 2 ques gens, par l'importune repetition de son *Esse videatur*? L'Orateur Calvus trouvoit son stile *lasche & sans nerfs*, & Brutus disoit par une Metaphore assez semblable, *qu'il estoit rompu, qu'il n'avoit point de reins*. D'autres l'ont appellé Bouffon, parce qu'il affectoit trop les bons mots, & quelquefois des Equivoques indignes de luy; tesmoin le *Ius verrinum*, qui luy est reproché dans le Dialogue *De causis corruptæ Eloquentiæ*; & le *Ego quoque tibi jure favebo*, que Quintilien quoy que son admirateur ne luy sçauroit pardonner. Et ce Calvus qui reprenoit si librement Ciceron, & qui avoit laissé vingt & un livres de ſa compoſition, à peine dit-on qu'il fuſt ſupportable en un ou deux petits diſcours. *Vix unâ aut alterâ oratiunculâ ſatisfacit.* Horace s'eſt mocqué de Plaute & de ceux qui prenoient plaiſir à ſes bons mots. Il n'a pas eſté plus indulgent envers Lucilius, en qui il trouvoit *de la dureté au milieu de ſon abondance*, & il diſoit *que ſes Vers couloient d'une veine bourbeuſe.* Cæſar ſe plaignoit de la *froideur* de Terence. Aſinius Pollio *du langage provincial de Tite-Live.* Seneque qui eſt l'admiration de tant de gens, n'a-t-il pas eſté tres-indignement traité par Aulugelle, qui a bien eu l'audace de luy donner les noms de

DISCOVRS 2.

Plaute & Lucilius repris par Horace.

Terence repris par Cæsar.

Tite-Live par Pollion.

Seneque outragé par Aulugelle.

DIS-COVRS 2

Impertinēce d'Aulugelle.

fade & d'impertinent? *Insipidi & inepti hominis* Et Aulugelle luy-mesme, Quel homme est-ce? Et si quelqu'un vouloit vanger Seneque, n'a-t-il pas donné assez de prise sur luy, au Chapitre sixiesme de son 14. Livre, où parlant d'un de ses amis, qui luy avoit communiqué plusieurs remarques fort curieuses, qu'il avoit faites en lisant les anciens Autheurs, pour voir s'il en pourroit tirer quelque avantage pour ses Nuits Attiques; Il raconte qu'il les luy rendit, sans vouloir s'en servir, parce que son Livre, adjouste-t-il, n'avoit pour objet, que ce que dit Homere en ce Vers si estimé de Socrate.

Je cherche ſeulement le Vice & la Vertu. DIS-COVRS 2.

Car il y auroit plaiſir à demander à ce grave Eſcrivain, qui ne cherche que le Vice & la Vertu, ſi mille petites diſputes de Grammaire ſur des mots, ſont de fort grande inſtruction pour la Vertu. Par exemple, ſi dans le Verbe *quieſco* l'*e* ſe doit prononcer long ou bref. Pourquoy on dit *præcocem* à l'accuſatif, & non pas *præcoquem*. Si dans les mots Carthaginois, comme *Aſdrubalem*, l'accent eſt ſur l'*a* ou ſur l'*u*. Si Caton a eſcrit *ſtetiſſes* ou *ſtitiſſes*, & pluſieurs autres ſemblables minuties dont il a farci ſes Livres, & qui ſont non ſeulement treſpeu neceſſaires pour la Vertu,

DIS-COVRS I.

mais meſme beaucoup moins agreables à ſçavoir, que les matieres qui eſtoient traitées dās le Recüeil de ſon Amy, cōme on le peut voir à l'endroit où il les donne en abregé, & où l'on apperçoit encore mieux le peu d'honneſteté de ſon procedé à recevoir ſi mal l'offre d'un homme de lettres, qui luy faiſoit honneur, & à y reſpondre d'une maniere tres-incivile, & qui n'eſt gueres moins blaſmable que les termes injurieux dont il offenſe la memoire de Seneque.

Mais nous ne devons pas nous engager plus avant, dans la querelle de ces deux Hommes Illuſtres, qu'il faut taſcher d'avoir tous deux pour Amis s'il ſe peut; Et generalement parlant, tout ce que nous avons dit des Anciens, n'eſt point dit pour diminuer la gloire deuë à ces grands Perſonnages, mais pour faire voir ſeulement, qu'ils n'ont point eſté peſtris d'une autre terre que le reſte des hommes, Qu'ils ont eu leurs foibleſſes reconnuës de leur Siecle meſme, & nonobſtant leſquelles ils n'ont pas laiſſé de recevoir les applaudiſſemens de la Poſterité. Et cela pour inferer, qu'il ne faut pas eſtre moins indulgent à ceux qui eſcrivent dans noſtre Langue, & à qui il ne faut pas demander une perfection exempte de toutes ſortes de deffauts, puis qu'elle ne ſe

DISCOURS 1.

Qu'il faut juger des modernes avec la meſme indulgence qu'on a pour les anciens.

DISCOVRS 2.

trouve point dans les premiers.

Cependant il le faut avoüer, nos Eſcrivains ont un grand deſavantage, & qui doit infiniment relever leur merite, quand ils nous contentent pleinement ; C'eſt que l'on ſent beaucoup mieux leurs fautes qu'on ne fait celles des Autheurs Grecs & Latins, qui ſont couvertes le plus ſouvent par le reſpect que nous avons pour leur Langue, dans laquelle ils ont une authorité dont nous n'appellons point. Tellement, que nous trouvons touſiours dequoy admirer du coſté de la Langue, dans les endroits meſmes qui peuvent eſtre repris pour le fonds des

choſes.

choses. Et quand on est desja persuadé de leur merite en un point de cette importance, il est mal-aisé de ne se pas laisser prevenir pour le reste.

Les François ont des Escrivains comparables aux Anciens en tout genre d'Escrire.

Je voudrois donc que ces injustes Ennemis de la Langue Françoise, pussent en gouster les beautez & la douceur, comme ils s'imaginent gouster celles de la langue Latine; Peut-estre qu'ils se gueriroient de leur aveuglement volontaire, & qu'ils verroient que nous n'avons pas esté si mal partagez du Ciel qu'ils le pretendent. Ils trouveroient dans le Thresor de nos Muses, des Madrigaux & des Sonnets aussi tendres, & aussi delicieux, que tout ce qui les touche si fort dans Catulle. Ils y trouveroient des Epigrammes aussi perçantes, & aussi fines, que toutes celles de Martial. Ils avoüeroient que nous avons des Elegies aussi passionnées, & aussi languissantes, que celles de Tibulle. La famille des Poëtes de Theâtre, leur fourniroit des Tragedies, qui peuvent le disputer avec celles de Sophocle, & d'Euripide; Et quand nous aurions le Thyeste de Varius, ou la Medée d'Ovide, que quelques Critiques modernes disét avoir veuë, je ne sçay si nous les admirerions d'avantage, que la Mariane ou les Horaces. Ils verroient que nous avons des Comedies qui vont d'égal avec celles de Terence ; car ses sujets qui sont tirez des Grecs, aussi bien que la pluspart des Scenes, n'estoient non plus à luy qu'à nous. Ils reconnoistroient que Malherbe a fait des Odes, que les plus belles d'Horace n'effacent point, & que nos Satyriques peuvent passer pour les legitimes heritiers du chagrin enjoüé de Lucilius, & de Perse. Que nous manque-t-il ? nous n'avons point encore de Poëme Epique qui puisse aller du pair avec l'Æneïde. Il le faut avoüer, mais ce n'est pas la faute de la Langue, c'est la faute des Ouvriers, qui n'ont pas travaillé jusqu'à present avec assez de succez. Il pour- DISCOURS I.

DIS-COVRS 2.

roit croiſtre dans nos carrieres, du Marbre auſſi beau que dans l'Iſle de Paros, que nous ne ſçaurions pas le travailler avec la meſme induſtrie que les Grecs, & ce ne ſeroit pas la faute du Marbre. La Langue tient lieu de matiere dans le travail de l'Eſprit ; C'eſt à l'Ouvrier à luy donner la forme & le tour, & s'il y manque, c'eſt luy ſeul qu'il en faut accuſer. Car quiconque n'eſt pas capable de faire en François, d'auſſi beaux vers que ceux de Virgile, n'euſt pas eſté capable d'en faire d'auſſi beaux en Latin que le meſme Virgile, quand il ſeroit né à Rome ſous Auguſte. Et au contraire, je crois pouvoir dire, que quand il ſe rencontrera en France, un Eſprit de l'Eſlevation de ce grand Poëte (& peut-eſtre qu'il ſe rencontrera bien-toſt) il ira auſſi loin avec la Langue Françoiſe, que l'autre a eſté avec la langue Latine, parce qu'un grand Genie eſt touſiours grand, quelque matiere qu'il employe, & que ce qu'il y a de Divin & de tranſportant dans les excellens Ouvrages, eſt indépendant des Langues dont on ſe ſert. On peut adjouſter que nous avons des Hiſtoriens François, en qui l'on trouve un Jugement ſolide, une Narration nette, un Stile ſouſtenu. Nous avons des Naturaliſtes, qui ont eſcrit avec beaucoup de Curioſité, de

DIS-
COVRS 2.

Subtilité, de Diligence. Nous avons des Grammairiens d'une ſcrupuleuſe Exactitude. Nous avons de certains Philoſophes d'un agreable commerce; De ces Eſprits naturellement excellens, fortifiez par l'Eſtude, polis par l'Uſage du Monde, & qui s'eſtant trouvez aſſez courageux pour deffendre la liberté de leurs ſentimens, contre la tyrannie des Prejugez, ſe ſont fait un gouſt fin, un jugement infaillible, & ſe ſont acquis une facilité d'eſcrire ſur toutes choſes, avec Erudition, avec Agrément, avec Eloquence. Le Parlement eſt pourveu d'Orateurs celebres qui ſe font ſuivre, qui emportent l'eſprit de leurs

Auditeurs ; & si c'estoit trop que de les égaler aux Cicerons, & aux Hortensius, tousjours n'en faudroit-il pas donner la faute à la Langue, cõme nous avons dit. Mais il faut avoüer que la Grandeur des sujets cõtribuë beaucoup à la Noblesse du discours ; Car il y a bien de la differẽce, entre, plaider une miserable cause pour l'execution d'un bail ou pour le payement d'une obligation, & parler devant un Senat contre un Clodius, ou contre un Antoine. L'Orateur est tout autrement animé, quand il faut qu'il s'estende sur les violences d'un Gouverneur de Province, & qu'il exaggere le Meurtre, le Vol, l'Enlevement

DISCOURS 2.

DIS-COVRS 2.

des perſonnes libres, & tous les autres deſordres qui peuvent naiſtre de la corruption d'un premier Magiſtrat, que s'il avoit à parler ſur le different d'un Bourgeois de Paris, pour le partage d'un arpent de terre, ou pour un droict de ſervitude. Et comme il eſt avantageux à un Eſtat, qu'il ne s'y trouve point de ces grands deſordres, auſſi faut-il avoüer que quand ils y arrivent, ils fourniſſent un champ magnifique à l'Eloquence.

Si la Langue Françoiſe eſt plus changeante que la Latine.

La plus grande Objection qu'on faſſe preſentement à la Langue Françoiſe, c'eſt qu'elle eſt ſujette au Changement; Mais eſt ce que la Latine n'a pas eu cette meſme fortune?

Polybe

Polybe au Livre 3. de son Histoire, rapportant le traitté fait entre les Romains & les Carthaginois, sous le Consulat de Junius Brutus, & de Marcus Horatius, qui furent, dit-il, les premiers Consuls apres qu'on eust chassé les Roys de Rome, nous avertit qu'il avoit pris grand soin d'expliquer ce traitté; *Car*, adjouste-t-il, *il y a une telle difference entre l'ancienne Langue des Romains, & celle qu'ils parlent aujourd'huy, que les plus habiles d'entr'eux, quelque attention qu'ils y apportent, ont peine à y comprendre quelque chose.* Cependant ce traitté ne fut fait que 303 ans avant la naissance de Polybe, & je ne vois point

DISCOURS 2.

La langue Latine a esté tres-châgeante.

DIS-COVRS 2 que ce qui a eſté eſcrit en François il y a 300 ans, ſoit preſentement ſi eſloigné de noſtre Langue qu'à quelques mots prés on ne l'entende facilement. Teſmoin ces Vers de Thibaud Comte de Champagne & Roy de Navarre, où il parle de la puiſſance de l'Amour, & fait voir qu'elle ſurpaſſe celle des Roys & des Empereurs, qui peuvent bien faire quelque liberalité, ou donner grace à un coupable, mais non pas combler un homme d'une joye parfaite comme l'Amour le peut faire.

Empereour ne Roy nont nul pouoir
Enuers Amours de ce mos bien vanter,*

* m'oſe

*Ils *puent bien donner de leur avoir,* * peuvent
Terres & fiés, & fourbes pardonner,
*Mais Amours *puet homme de mort garder,* * peut
Et donner joye qui dure,
Plaine de bonne avanture.

Et ceux-cy qui ne ſont pas du Roy de Navarre, mais de quelque autre bel Eſprit de ce temps-là, qui pretend qu'en vain on prend conſeil de ce qu'on doit faire quand on eſt amoureux, puiſqu'on ne s'en deffend pas mieux pour cela.

Amours eſt une merveille
Dont on ſe doit merveillier,
*Nus ne s'en *ſet conſeillier* * ſçait
Et cil qui plus s'en conſeille

* Moins en ſçait

**Mains en ſetquand il eſt pris*
J'en cuiday auoir apris

*Autãtque

** Quoy que nus en peut aprẽdre*
Et ſi ne m'en ſay deffendre.

Et ces autres que je crois du Chaſtelain de Coucy quand il eut quitté ſa Maiſtreſſe, & où il conclut qu'il n'y a point de plus douloureuſe ſeparation que celle d'un Amant & d'une Amante.

Si onques

S'onques nuls hom' pour dure departie

Eut cœur

Ot cuer dolent, dont lai-je par raiſon;
Onques Tourtre qui pert ſon compagnon,
Ne fu onques, de moy plus esbahie.
Chaſcuns pleure ſa Terre &

son pays
Quand il se part de ses joyeux amys,
** Mes il n'est nuls congé, quoy que nuls die,*
Si dolereux que d'amy & d'amie.

* Mais

On ne s'imagineroit point que ce langage fust si vieux ; Car si l'on en excepte quelques mots, comme *S'onques* pour *Si onques* ; *Quoy que*, pour *autant que* ; *at*, pour *eut* ; *Cuer*, pour *cœur*, *mos* pour *m'ose*, tout le reste est encore de mise, & n'est different de nostre usage que par l'Orthographe. Cependant ce sont les termes originaux de ces Autheurs, selon l'ancien Manuscrit de la Bibliotheque Royale, & ces

La langue Françoise n'a pas changé extreme nêt depuis 500 ans.

DIS-COVRS 2. Vers n'ont pas 300 ans ſeulement, mais bien pres de 500. Car ce Roy de Navarre eſtoit Comte de Champagne, & âgé de 25 ans, quand Saint Louys vint à la Couronne, qui fut l'an 1226, tellement qu'il ſe trouva engagé dans la Ligue que firent les Grands du Royaume, contre Blanche de Caſtille Mere du Roy, quoy que depuis il revint à ſon devoir, par le reſpect qu'il eut pour les vertus de cette Princeſſe. Et la Chanſon du Chaſtelain de Coucy eſt encore plus ancienne; Ce qui fait aſſez voir que noſtre Langue n'eſt point plus ſujette au changement qu'une autre.

Quand donc nous conſiderons aujourd'huy la langue Latine comme une Langue immuable, c'est la considerer sur une Idée qui ne luy est pas naturelle, & qui ne luy convenoit point dans le Siecle mesme où elle triomphoit, & où elle estoit la Langue des Vainqueurs de l'Univers. Car alors elle n'estoit point immuable, & les divers changemens qui y sont arrivez avec le temps, ont bien fait voir qu'elle estoit de la nature de toutes les choses perissables. Elle estoit née avec la ville de Rome; Elle avoit creu sous la Republique; Elle s'estoit veuë dans sa force & dans son plus grand lustre sur la fin de la mesme Republique, & sous les premiers

DISCOVRS 2.

Empereurs ; Elle commença à perdre ſa beauté ſous les Antonins ; Elle tomba en decrepitude ſous le bas Empire. Depuis, elle n'a eu que des rides & de la deformité, juſqu'à ce qu'elle ait ceſſé d'eſtre d'uſage dans le Monde. Alors on a eſté chercher ſa beauté dans les Autheurs qui l'ont peinte durant ſa ſaiſon la plus agreable. C'eſt là qu'on a trouvé cet air aimable & majeſtueux que le Temps luy avoit oſté ; & il luy en a pris comme à toutes les belles perſonnes, qui vivent long-temps. La Vieilleſſe leur enleve les Charmes qui les faiſoient regner ſur les cœurs, & les deſpoüille d'un Empire où la Beauté ſe maintient ſans

gardes & ſans fortereſſes. Alors DISCOVRS 24
on ne voit plus rien ſur leur viſage qui faſſe reſſouvenir de leurs Conqueſtes paſſées, & elles n'en ont plus d'autres teſmoins que les Portraits qui les repreſentent dans leur bel âge. C'eſt là qu'il faut aller apprendre ce qu'elles ont eſté ; Elles s'y voyent elles-meſmes comme Eſtrangeres, & peuvent ſe plaindre avec juſtice, que l'Art ait plus de pouvoir que la Nature à conſerver les traits de cette Beauté fugitive. Ciceron & Virgile ont fait la meſme choſe pour la langue Latine. Ils nous ont laiſſé des Peintures immortelles de cette Beauté évanoüie ; Ils l'ont enchaiſnée, s'il faut ainſi dire, par

DISCOVRS 2.

leur Eloquence; Mais ils n'ont pu donner à la Langue meſme, l'Immortalité qu'ils ont donnée à leurs Eſcrits. Cette Langue a paſſé dans le Monde comme toutes les choſes du Monde paſſent, & rien ne prouve mieux combien elle eſtoit ſujette au Changement, que de ce qu'elle a ceſſé d'eſtre.

Les ouvrages des Romains ont conſervé la langue Latine.

C'eſt donc une injuſtice que l'on fait à la langue Françoiſe, que de luy objecter un deffaut qui a eſté ſi fatal à la Latine, & qui l'auroit enſevelie dans un oubli eternel, ſans le ſoin que ſes enfans ont eu de nous en laiſſer des Portraits illuſtres, qui nous la repreſentent dans toute ſa ſplendeur, & qui la font revivre, s'il faut ainſi dire, apres ſa mort. C'eſt ce qui nous doit obliger à avoir la meſme Conſideration pour noſtre Langue, aujourd'huy qu'elle eſt devenuë ſi accomplie. Ce fameux Dictionaire, qui ſert preſentement d'occupation à l'Academie Françoiſe; A cette Compagnie celebre qui fait un des principaux Ornemens de l'Eſtat, ſera une Image incorruptible de la beauté de noſtre Langue. C'eſt ce travail qui empeſchera que le Temps ne la deſtruiſe, & qui fixera ce qui eſt dans un perpetuel mouvement. Les Ouvrages de ceux qui compoſent cette Compagnie, ſeront autant de Portraits vivans de toute ſa grandeur & de tous ſes

DISCOURS 2.

Le Dictionaire de l'Academie fixera la langue Françoiſe.

DISCOVRS 2.

charmes ; Mais comme il se presente une occasion fameuse de la consacrer à la Posterité, & de la faire Triompher, s'il faut ainsi dire, dans l'Inscription de ce glorieux Monument, que la France esleve à la Vertu de son Monarque, ne seroit-ce pas un contre-temps bizarre que de l'exclure d'un lieu si éclatant, & qui luy appartient à si juste tiltre ?

Il faut aymer sa Patrie, il faut aymer sa Langue ; Il faut selon son pouvoir embellir l'une & l'autre ; mais il ne faut pas les trahir par une preference ingrate donnée aux Estrangeres. Si les beaux Esprits de Rome eussent dit autrefois, Tous nos soins, toutes nos veilles, ne

Les Romains n'õt pas laissé de cultiver leur Lãgue, quoy qu'ils estimassent plus la Grecque.

DISCOVRS 2.

feront jamais que nostre Langue, ait la Douceur & l'Abondance de la langue Grecque, Ils n'en eussent pas du moins approché de si prés; Et tous ces grands hommes, auroient par leur timidité, desrobé à leur Patrie, la gloire que leurs Escrits luy ont acquise.

Les Grecs n'ont pas laissé de cultiver les belles Lettres, quoy que les Aegyptiens parlassent des Grecs avec mespris.

Disons plus; Lors que les Grecs commençoient à cultiver les belles Lettres & la Philosophie dans leur Langue, les Ægyptiens, ces Peuples si sçavans, si puissans, si magnifiques, ne les traitoient-ils pas avec un semblable mespris, que les Admirateurs des Romains nous traitent aujourd'huy? Ne leur ont-ils pas reproché, que les plus sages d'en-

DIS-COVRS 2. tr'eux n'eſtoient que des Enfans, & qu'il sembloit que pas un d'eux n'euſt le ſçavoir ni l'experience de la Vieilleſſe? *O Solon, Solon, vous autres Grecs eſtes tousjours Enfans; Il n'y a point de Grec qui ſoit vieux.* Plato Timæo. Cela ne vouloit-il pas dire nettement, que toute la Litteratture Grecque eſtoit futile & impertinente, à comparaiſon de celle des Ægyptiens, & qu'il ne falloit chercher parmi les Grecs, que de l'Ignorance & de l'Opiniaſtreté, qui ſont les compagnes de l'Enfance. Cependant, un diſcours ſi outrageant, ne jetta point les Grecs dans le deſeſpoir, & ne leur oſta point le courage de rien entreprendre d'eux-meſmes.

Cette fierté Ægyptienne engendra dans leur esprit une Indignation agissante, plustost qu'une oisive Deffiance de leur Vertu, & il est arrivé que par leurs ardens efforts, l'Enfance de ceux-cy, a prevalu sur la Vieillesse des autres. La Philosophie des Grecs, leurs discours d'Eloquence, leur Poësie, leur Histoire, ne sont gueres moins connuës aujourd'huy que dans le Siecle de leur naissance; au lieu que toute la Doctrine des Ægyptiens demeure abismée dans un eternel oubli, & que de tous les ouvrages d'une Nation si fameuse, & de si grand merite, il ne nous reste plus que quelques Cadavres petrifiez par le temps, DISCOURS I.

DIS-COVRS 2.

que quelques Marbres ſemez de lettres inconnuës, & que trois ou quatre amas monſtrueux de pierres entaſſées les unes ſur les autres, qui ne ſe ſouſtiennent que par l'immenſité de leur maſſe. C'eſt la magnanimité de la Nation Grecque; C'eſt cette vertueuſe Obſtination, qui leur a acquis une glorieuſe preference, dont rien n'eſt capable maintenant de les depoſſeder; Et c'eſt ce qui n'auroit point paru à leur avantage, ſi l'entretien de ce Preſtre Ægyptien, qui parloit d'eux avec tant de deſdain, leur euſt fait conclure qu'il ne falloit pas pretendre rien faire, qui peuſt ſe mettre en parallele avec les grandes choſes qu'ils alloient

alloient apprendre ſur les rivages du Nil. *Tu es de Sparte*, diſoit un Legiſlateur, *travaille à ſon ornement*. Fais tes efforts pour adjouſter quelque luſtre à ta Patrie ; Mais ne ſonge pas à devenir Citoyen d'une autre Republique. Les Heros de l'Antiquité ont mieux aimé retourner parmi les Rochers & les Sables ſteriles où ils avoient pris naiſſance, que de s'eſtablir dans des regions delicieuſes, où les beautez de la Nature & de l'Art, & les prieres des Princes, les invitoient de demeurer.

DISCOURS 2.

Il faut aymer ſa Patrie preferablement à tout.

Enfin nous voicy dans un Siecle, où la face de la France ſe renouvelle, non pour prendre l'apparence d'une Jeuneſſe

Avantages preſens de la France, ſous le glorieux Regne de Sa Majeſté.

DIS-COVRS 2.

ſtonner, comment il pouvoit meſler tant de Douceur avec tant d'Elévation, & conſerver au milieu de tant de ſujets d'Orgueil, une ſi parfaite Modeſtie. Mais quand je me repreſente, que toutes ces rares qualitez qui le mirent en une ſi haute Eſtime & dans un ſi grand Credit; Quand je me repreſente, dis-je, que cette Eſtime & ce Credit meſme, n'eſtoient employez que pour faire plaiſir à ſes amis, & que le fruit de ſon Merite eſtoit moins pour luy que pour les autres; cela fait que je trouve peu de perſonnes à qui le comparer, & que je ſuis obligé de reconnoiſtre, que c'eſtoit une Ame vraymẽt eſlevée au deſſus des choſes terreſtres. J'aurois ſouhaitté avec paſſion, qu'il euſt examiné les nouvelles raiſons que je propoſe dans ce ſecond Diſcours, afin de ne laiſſer rien à dire ſur un ſi celebre Probleme; Mais puiſque ſa mort nous dérobe cette ſatisfaction, & que la parole m'eſt demeurée, au moins dois-je m'en ſervir pour honorer ſa Memoire, & je n'ay pas peur qu'il ſe rencontre des Eſprits aſſez déraiſonnables, pour me ſçavoir mauvais gré d'avoir fini cette diſpute, par l'Eloge que je devois à ſa Vertu. DISCOVRS 2.

FIN.

TABLE DES MATIERES.

DISCOURS I.

SVjet de ce Discours. page 1
Grand usage du Grec à Rome. 4
Le Latin preferé au Grec dans Rome pour les Inscriptions des Arcs de Triomphe. 7
Que le François doit estre preferé au Latin pour les Inscriptions publiques dans Paris. 9
Objection contre le François, fondée sur ce qu'on pretend que le Latin a toûjours esté une Langue universelle. 10
Réponse à l'Objection. 10
Que le Latin sous Auguste n'estoit point une Langue universelle. 11
Le Grec a toûjours esté plus estendu que le Latin. 12
Les Conquestes des Romains n'ont point

rendu leur Langue vulgaire aux Pays conquis : 13
Preuve par les Autheurs qui ont escrit en Grec dans les Provinces de l'Empire. 15
On n'entendoit presque pas le Latin dans les Colonies Romaines. 16
Plutarque expliqué sur le grand usage de la Langue Latine de son temps. 17
De l'usage de la langue Latine du temps du Concile d'Ephese & de Nicée. 19
Nouvelle instance en faveur de nostre opinion, tirée de la Colonne de Caius Duilius. 20
Raisons que nous avons d'imiter cet attachement des Romains à leur Langue. 24
Conclusion de ce Discours. 25

Discours II.

Premiere Partie.

Occasion du second Discours. 27
Monsieur l'Abbé de Bourzeis respond au premier discours en faveur de la langue Latine, 28. 32
La langue Latine est à la Françoise ce que la Grecque estoit autrefois à la Latine, 39
La langue Françoise est un reietton de la langue Latine. 40

Table des Matieres.

La langue Latine est un rejetton de la Grecque. 42
Rapports du Grec, du Latin & du François entr'eux. 46
Pauvreté de la langue Latine en comparaison de la Grecque. 48
Autheurs Latins fort au dessous des Grecs. 49
Tite Live au dessous de Polybe. 49
Terence au dessous de Menandre. 50
Virgile au dessous d'Homere. 51
Ciceron iniuste envers les Grecs. 53
Si les Romains ont eu des raisons particulieres pour preferer leur Langue à la Grecque dans les Inscriptions des Arcs de Triomphe. 56
Distinction de M. l'Abbé de Bourzeis pour appuyer ces raisons. 58
Response à cette Distinction. 60
Si le Grec estoit peu connu à Rome du temps de Duilius. 61
Estat de la langue Grecque à Rome sous l'ancienne Republique. 61
La Religion des Romains estoit presque la mesme que celle des Grecs. 64. 67
Saint Paul par les Grecs entend tous les Payens. 66
Grand commerce des Romains avec les Grecs pour les matieres de la Religion. 67

Table des Matieres.

Grand commerce des Romains avec les Grecs pour les beaux Arts. 69
Comedies representées en Grec à Rome. 71
Senateurs qui escrivent l'Histoire de leur temps en Grec. 73
Pourquoy Thucydide ny Xenophon n'ont point parlé des Romains. 74
Estat de la langue Grecque à Rome sous les Empereurs. 77
Si les Romains ont méprisé les Grecs. 78
Comment il faut entendre les Romains, quand ils ont parlé mal contre les Grecs. 85
Les Grecs moins vitieux que les Romains 86
Passage de Pline expliqué. 87
Deffauts ordinaires des Grecs. 88
Cause du dépit des Romains contre les Grecs. 91
Grand credit des Grecs à Rome. 92
Les Romains ont plus envié les Grecs, qu'ils ne les ont méprisez. 96
Estime de la langue Grecque à Rome. 97
Vsage de la langue Grecque parmy les Romains pour les affaires d'Estat. 100
Passage de Valere Maxime refuté. 101
Exemple de l'usage de la langue Grecque dans les affaires d'Estat à Rome. 103

Conclusion de cette premiere Partie. 107
Qu'on n'a point touché la raison veritable, pourquoy les Romains ont preferé le Latin au Grec dans les Inscriptions des Arcs de Triomphe. 108

Seconde Partie de ce Discours. 110

Raison veritable pourquoy les Inscriptions des Monumens d'honneur doivent estre en Langue vulgaire. 110
Les recompenses se donnent pour faire aimer la vertu. 111
Qu'on a recompensé les personnes illustres mesme aprés leur mort. 113
Quel fruit il y a à esperer de la recompense qu'on donne à la Vertu. 113
Honneurs qu'on rendoit aux vainqueurs des Jeux Olympiques. 116
Vn General de l'armée Romaine puny d'exil pour avoir refusé le Triomphe. 116
Les maisons des Triomphateurs ornées de Trophées qu'il estoit deffendu d'oster. 117
Les Statuës sont au public. 118
Puissance de l'Emulation. 118
Les Romains en faisant eslever la Colonne Rostrale de C. Duilius, n'ont eu en veuë

que l'utilité de leur propre Republique. 121
Que c'estoit une necessité que l'Inscription de cette Colonne fust en langue Romaine. 123
Ce qu'on pouvoit dire alors en faveur d'une Inscription Grecque. 124
Autres Colones eslevées à l'honneur de quelques Citoyens Romains. 126
Inconveniens des Inscriptions en Langues estrangeres. 127
Inscriptions sont necessaires. 128
Que dans l'Inscription est contenu tout le fruit d'un semblable Monument. 130
La Republique Romaine estoit ingenieuse pour faire aimer la Vertu. 134
Application de toutes ces raisons à l'Arc de Triomphe, qui s'esleve à l'honneur du Roy. 136
Que l'Arc de Triomphe est un Monument d'exemple. 138
Avantages que la France doit esperer de ce Monument. 142
Introduction du Genie de la France, parlant sur cét Arc de Triomphe. 143
Que ce discours du Genie de la France n'est point une fiction destituée de verité. 149
L'Arc de Triomphe est un Orateur eternel. 151

Table des Matieres.

L'Arc de Triomphe est honorable au Peuple François. 152
Grand nombre d'Arcs de Triomphe dans l'ancienne Rome. 152
Arc de Triomphe eslevé à une Imperatrice. 154
Inscription de l'Arc de Triomphe de Livia. 154
Les Inscriptions de l'Arc de Triomphe doivent estre entenduës de tous les François. 156
Plus la vertu du Prince est connuë, plus l'Estat est heureux. 157
Que l'Arc de Triomphe ne s'éleve point par vaine gloire, 158
Veritable intention de l'Arc de Triomphe. 159
La satisfaction du Peuple est une raison pour mettre les Inscriptions en François, fondée en justice. 162
Qu'on ne doit point priver le Peuple de cette satisfaction. 163
Nouvel expedient proposé par M. l'Abbé de Bourzeis, de faire un costé de l'Arc de Triomphe en Latin, & l'autre en François. 166
Inconvenient de ce nouvel expedient. 167
Difference qu'il faut faire, entre les Inscriptions d'un Arc de Triomphe & celles

des Medailles. 170

Que l'employ de la langue Latine en cette Inscription, n'en donne point l'intelligence à tous les Estrangers. 172

La langue Latine n'est point une Langue universelle. 172

La langue Latine est une Langue tres-particuliere. 174

Vray-semblablement il y a autant d'hommes sur la terre qui sçavent le François que le Latin. 175

Il est de la gloire de nostre Nation, de mettre l'Inscription en nostre Langue. 179

Se servir de sa Langue propre, est une marque d'authorité. 180

Exemple de l'amour de sa Langue naturelle. 181

Exemples de divers Rois *& Peuples qui se sont servis de leur propre Langues dans les Monumens publics.* 183

Monument de Sesostris Roy *d'Egypte.* 183

Monument des Phœniciens en Affrique. 185

Monument du dernier Roy *des Assyriens.* 187

Monument de Masinissa Roy *de Numidie.* 188

M. l'Abbé de Bourzeis pretend que la

langue Latine n'est point estrangere en France. 190

Que nostre opinion ne va point à diminuer le credit de la langue Latine. 191

Que la langue Latine est estrangere en France. 192

Comment il faut entendre que la langue Latine est estrangere en France. 194

Les hommes pensent tous de la mesme maniere. 197

Le Grec estoit estranger à Rome. 197

Les Rois *de France ne sont point Successeurs des Cesars.* 202

La langue Latine *sanctifiée par la* Religion. 205

La langue Grecque est la premiere Langue du Christianisme. 207

Re*sponse à l'obiection que la langue* Latine *est celle des* Ordonnances *de nos anciens* Rois, *& celle qu'on employe encor dans les Monnoyes.* 208

L'*Inscription du Sceau du* Roy *est Françoise.* 212

Ra*isons pourquoy l'Inscription des Monnoyes est* Latine. 213

Qu'il n'est pas nouveau de voir des Inscriptions Françoises. 220

Que toutes les nouveautez ne sont pas blasmables. 221

Si nostre Siecle est inferieur aux Siecles anciens, suiet de la troisiéme Partie de ce Discours. 223

Troisiéme Partie.

Preoccupation en faveur des Anciens blasmée de leur temps. 223
Avantages pretendus de la langue Latine *sur la Françoise.* 225
Le *Peuple* François *est naturellement eloquent.* 227
Figure *de l'Hercule* Gaulois. 228
Autheurs François *celebres il y a plus de* 500 *ans.* 231. & 314
Les *Italiens au temps du Dante, ont plus estimé la langue Françoise que les autres* Langues. 233
Celebre Passage de Brunetto Latini. 234
Sentiment du Dante touchant la langue Françoise. 235
Estat de la langue Italienne du temps de Dante. 237
Le *Dante est* Fondateur *de la langue Italienne.* 239
Les *Poëtes* François *plus anciens que les Italiens.* 244
Le *Sonnet est une Invention des Poëtes* François. 244

La

La langue Françoise estoit fort estimée en Angleterre. 245
Que ce n'est point un suiet de reproche à la langue Françoise de ce qu'elle s'est engendrée de la corruption de la Latine. 247
Cause du grand respect que l'on a pour la langue Latine. 250
Nous ne voyons pas les méchans Autheurs Latins, ce qui contribuë fort à l'avantage de la langue Latine. 252
Le Peuple de Rome a tousiours esté fort grossier. 254
Si les Noms propres des François sont moins nobles que ceux des Romains. 256
Bassesse des Noms propres des Romains. 257
Bassesse de quelques Noms propres des Grecs. 258
La langue Latine avoit la prononciation rude. 261
Comparaison de quelques avantages de la langue Latine & de la Françoise. 264
Les Terminaisons masculines & feminines sont particulieres à la langue Françoise. 265
Des Constructions renversées de la langue Latine. 266
Obscurité de la langue Latine & Grecque

reconnuë par les Scholiastes. 268
Des Articles de la langue Françoise. 271
Les Grecs & les Latins ne sont pas les seuls beaux Esprits de l'Antiquité. 276
Les *Hebreux ont eu plus d'eslevation que les* Grecs *& les* Latins. 276
Excellence des Pseaumes de David. 277
Excellence de l'Histoire de Moyse. 278
Moyse loüé par les Payens. 280
Que la Nature ne vieillit point. 281
Que l'esprit n'est point diminué parmy les hommes. 184
L'*erudition de nostre Siecle est plus grande que celle de Anciens.* 285
Excellentes Inventions modernes. 287
On est aussi eloquent presentement, que du temps des Anciens. 289
Les Anciens ne sont pas tousiours admirables. 290
Jugement des Anciens sur les Anciens mesmes. 291
Herodote repris par Ciceron & par Plutarque. 292
Thucydide repris par Denis d'Halicarnasse. 292
L'Exorde de Saluste blâmé. 294
Isocrate repris par Longin *& par Hermogene.* 294
Demosthene repris par Phocion. 296

Table des Matieres.

Æschile & Euripide raillez par Aristophane. 296

Aristophane repris par Plutarque. 297

Homere repris par Horace & par Martial. 297

Ciceron repris par Calvus, par Brutus & par d'autres. 297

Plaute & Lucilius *repris par Horace.* 299

Terence repris par Cæsar. 299

Tite Live *par Pollion.* 299

Seneque *outragé par Aulugelle.* 299

Impertinence d'Aulugelle. 300

Qu'il faut iuger des Modernes avec la mesme indulgence qu'on a pour les Anciens. 303

Les François *ont des Escrivains comparables aux Anciens en tout genre d'escrire.* 305

Si la langue Françoise *est plus changeante que la* Latine. 312

La *langue* Latine *a esté tres-changeante.* 313

La *langue* Françoise *n'a pas changé extremement depuis* 400 *ans.* 317

Diverse fortune de la langue Latine. 319

Les *ouvrages des Romains ont conservé la langue* Latine. 322

Le *Dictionaire de l'Academie fixera la langue* Françoise. 323

Les Romains n'ont pas laissé d'escrire en leur Langue, quoy qu'ils estimassent plus la Grecque. 324

Les Grecs n'ont pas laissé de cultiver les belles Lettres, quoy que les Egyptiens parlassent d'eux avec grand mépris. 325

Il faut aimer sa Patrie preferablement à tout. 329

Avantages presens de la France sous le glorieux Regne de sa Majesté. 329

Grandeur des Bastimens du Roy. 331

Progrés des beaux Arts en France. 333

Conclusion de ce Discours. 333

Eloge de M. l'Abbé de Bourzeis. 336

FIN.

EXTRAIT DV PRIVILEGE du Roy.

PAR Grace & Privilege du Roy, donné à saint Germain en Laye le 27. iour d'Aoust 1670. signé par le Roy en son Conseil BERAUD, & scellé. Il est permis au sieur CHARPENTIER de l'Academie Françoise, de faire imprimer un *Recueil de ses Oeuvres diverses en Prose & en Vers*, en un ou plusieurs Volumes, pendant le temps & espace de dix années entieres & consecutives, à commencer du iour que chaque Volume sera achevé d'imprimer, avec deffense à tous Imprimeurs, Libraires & autres de les faire imprimer, vendre ni debiter sans son consentement, à peine de deux mil livres d'amande, de confiscation des Exemplaires contrefaits, & de tous dépens, dommages & interests, comme il est plus amplement porté par lesdites Lettres.

Registré sur le Livre de la Communauté des Libraires & Imprimeurs de Paris le 4. Fevrier 1676. suivant l'Arrest du Parlement du 8. Avril 1653. & celuy du Conseil Privé du Roy du 27. Fevrier 1665. Signé D. THIERRY *Syndic.*

Et ledit ſieur Charpentier a permis à Claude Barbin, Libraire, de vendre deux Diſcours, faiſant partie dudit Recueil, intitulez, *Deffenſe de la Langue* Françoiſe, *pour l'Inſcription de l'Arc de Triomphe*, pour cette premiere Edition ſeulement, ſuivant l'accord fait entr'eux.

Achevé d'imprimer pour la premiere fois le 2. iour de Mars 1676.

Les Exemplaires ont eſté fournis.

www.ingramcontent.com/pod-product-compliance
Lightning Source LLC
LaVergne TN
LVHW012112170826
845678LV00001BA/14

* 9 7 8 2 3 2 9 5 0 0 3 2 4 *